Umweltwissen gehört zum Wirtschaftswissen

Jörg Becker

© 2018 Jörg Becker

www.beckinfo.de

Der Autor

Jörg Becker hat Führungspositionen in der amerikanischen IT-Wirtschaft, bei internationalen Consultingfirmen und im Marketingmanagement bekleidet und ist Inhaber eines Denkstudio für strategisches Wissensmanagement zur Analyse mittelstandorientierter Businessoptionen auf Basis von Personal- und Standortbilanzen. Die Publikationen reichen von unabhängigen Analysen bis zu umfangreichen thematischen Dossiers, die aus hochwertigen und verlässlichen Quellen zusammengestellt und fachübergreifend analysiert werden. Zwar handelt es sich bei diesen Betrachtungen (auch als Storytelling) vor allem von Intellektuellem (immateriellen) Kapital nicht unbedingt um etwas Neues. Doch um neue Wege zu gehen, reicht es manchmal aus, verschiedene Sachverhalte, die sich bewährt haben, miteinander neu zu kombinieren und fachübergreifend zu durchdenken. Zahlen ja, im Vordergrund stehen aber „weiche" Faktoren: es wird versucht, Einflussfaktoren nicht nur als absolute Zahlengrößen, sondern vor allem in ihrer Relation zueinander und somit in ihren dynamischen Wirkungsbeziehungen zu sehen. Auch scheinbar Nebensächliches wird aufmerksam beobachtet.

In der unendlichen Titel- und Textfülle im Internet scheint es kaum noch ein Problem oder Thema zu geben, das nicht bereits ausführlich abgehandelt und oft beschrieben wurde. Viele neu hinzugefügte und generierte Texte sind deshalbhalb zwangsläufig nur noch formale Abwandlungen und Variationen. Das Neue und Innovative wird trotzdem nicht untergehen. Die Kreativität beim Schreiben drückt sich dadurch aus, vorhandenes Material in vielen kleinen Einzelteilen neu zu werten, neu zusammen zu setzen, auf individuelle Weise zu kombinieren und in einen neuen Kontext zu stellen. Ähnlich einem Bild, das zwar auf gleichen Farben beruhend trotzdem immer wieder in ganz neuer Weise und Sicht geschaffen wird. Texte werden also nicht nur immer wiederholt sequentiell gelesen, sondern entstehen in neuen Prozess- und Wertschöpfungsketten.

Das Neue folgt aus dem Prozess des Entstehens, der seinerseits neues Denken anstößt. Das Publikationskonzept für eine selbst entwickelte Tool-Box: Storytelling, d.h. Sach- und Fachthemen möglichst in erzählerischer Weise und auf (Tages-) Aktualität bezugnehmend aufbereiten. Mit akademischer Abkapselung haben viele Ökonomen es bisher versäumt, im Wettbewerb um die besseren Geschichten mitzubieten. Die in den Publikationen von Jörg Becker unter immer wieder anderen und neuen Blickwinkeln dargestellten Konzepte beruhen auf zwei Grundpfeilern: 1. personenbezogener Kompetenzanalyse und 2. raumbezogener Standortanalyse.

Als verbindende Elemente dieser beiden Grundpfeiler werden a) Wissensmanagement des Intellektuellen Kapitals und b) bilanzgestützte Decision Support Tools analysiert. Fiktive Realitäten können dabei manchmal leichter zu handfesten Realitäten führen. Dies alles unter einem gemeinsamen Überbau: nämlich dem von ganzheitlich durchgängig abstimmfähig, dynamisch vernetzt, potential- und strategieorientiert entwickelten Lösungswegen.

Management Overview

Braucht man in der heutigen Zeit wirklich in allen diesen Schulfächer wie Erdkunde, Biologie, Physik, Chemie mehr als ein überschaubares Grundwissen? „Leisten Kunst und Musik einen wichtigen Beitrag zur Persönlichkeitsbildung, oder sind sie nur Schmuck und in Zeiten, in denen andere Wissensgebiete wichtiger werden, verzichtbar? Und schon lange wird ein Schulfach Wirtschaft gefordert, obwohl gerade für eine solches Schulfach die Meinungen darüber besonders weit auseinander liegen. Nach Ansichten der Befürworter eins solchen Faches spielt die Ökonomie in Politik, Gesellschaft wie auch im Alltag eine derart große Rolle, dass junge Menschen ein systematisches Wissen brauchen, um sich in der Welt zurecht zu finden. Für die Kritiker dagegen gilt die Gefahr zu bedenken, dass damit Gewinnstreben verherrlicht und soziale wie auch ökologische Aspekte außer Acht gelassen würden. Wir erleben eine ökonomische Achterbahnfahrt mit Bankenkrach, Finanzblase, Schuldenkrise, Euromisere, Null- und Negativzinsen, Stagnation der großen Volkswirtschaften und die Wissenschaft von der Wirtschaft vermittelt hierzu nur verengte und realitätsferne Sichten auf der Grundlage von radikal vereinfachenden Modellen. Gegen eine verengte Sicht hilft ein komplexeres Bild menschlichen Handelns als das des kühl, egoistisch maximierenden Homo oeconomicus. Mit einem intensiven Austausch mit anderen Wissenschaften und Denkansätzen eines Generalisten. Es geht um stärker interdisziplinär ausgerichtete Ansätze. In jedem Fall können einfach gestrickte Modelle einmal ein Anfang sein, um die Komplexität der ökonomischen Welt zu durchdringen. *Amortisations- oder Payback-Methode:* diese Technik misst die Zeitspanne, die notwendig ist, um eine Investition zu amortisieren, d.h. durch Bargeldrückfluss abzuzahlen. Dies ist die Zeitdauer, die bis zur Wiedergewinnung der Anschaffungsausgabe aus den Einnahmeüberschüssen des Projektes verstreicht. Verstehen ist die Voraussetzung für vernünftige Orientierung und sachlich fundierte Entscheidungen. Durch die unaufhaltsame Vermehrung verfügbaren Wissens und immer komplexere Kombinationen riesiger Datenmengen wird Verstehen nicht erleichtert, sondern eher erschwert. Die maximierte Ansammlung von Daten ist kein Maß für das richtige „Wissen-Müssen" und es ist Vorsicht geboten, damit die Zunahme an Informationsmenge statt mehr Wissen nicht auch Nichtwissen hervorbringt. Wirtschaftswissen ist eine Sammlung von Traditionen, Werten, Regeln, Glaubenssätzen, Haltungen u.a., d.h. gewissermaßen die DNA eines Unternehmens, ein durchgehender Kontext für alles, was dort gedacht und getan wird. Die Wettbewerbsposition, die Finanzierungsmöglichkeiten und Strategien hängen hierbei auch von der Persönlichkeit des Unternehmers ab. Um sich im Markt nachhaltig zu behaupten, ist ein gutes Produkt zwar Voraussetzung, aber nicht unbedingt hinreichend. Es braucht die Kraft, auf der Grundlage eines klaren Marktverständnisses und einer eigenen hohen Gestaltungsfreude immer wieder neue Vorstöße zu starten (z.B. mit neuen Preismodellen, überraschenden Vertriebsinitiativen, internen Innovationsoffensiven). Solche Kräfte speisen sich vor allem aus der DNA des Unternehmens: der Fähigkeit, Prozesse ständig neu auszurichten, dass sie das Spannungsfeld zwischen qualitativ ansprechender und gleichzeitig kosteneffizienter Leistung überbrücken. Werden dabei Steuerungsinstrumente wie strategische und operative Planung, monetäre und nicht-monetäre Berichtssysteme, Zielvereinbarungen und Innovationsmanagementsysteme richtig eingesetzt, lenken sie die (in der Regel knappen) Ressourcen auf die erfolgsentscheidenden Handlungsfelder. Oftmals werden monetäre und nicht monetäre Informationen an den unterschiedlichsten Stellen vorgehalten (eine integrierte Sicht auf das Ganze ist nur mit viel Mühe möglich). Die Managementberichte werden mit Kennzahlen überfrachtet (statt sich auf die strategischen Botschaften zu konzentrieren). Ohne klare, strategisch relevante Zielsetzungen verliert man sich schnell im Gestrüpp der Beliebigkeit von Ursache-Wirkungs-Beziehungen. Umweltkennzahlen unterstützen Entscheider beim Auffinden der Schwachstellen des betrieblichen Umweltschutzes ebenso wie beim Erkennen ertragswirksamer Umweltchancen. Umweltkennzahlen können sich auf unterschiedliche Bereiche beziehen und Angaben sowohl zu für das ganze Unternehmen als auch zu einzelnen Prozessen oder Abteilungen liefern. Im Normalfall werden Umweltkennzahlen mengenbezogen gebildet, d.h. in Einheiten wie Kilogramm, Tonnen, Stück etc. Ergänzend hierzu sollten Sie auch kostenbezogenen Kennzahlen entwickeln, um auch die Kostenaspekte im Umweltschutz abbilden zu können. Mit Umweltkostenkennzahlen können Sie umweltrelevante Gesichtspunkte in Kosten und Erträge -die Sprache des Managements- übersetzen. So ist es anschaulicher, anstatt 400 Kubikmeter Sondermüll ertragsrelevant zu analysieren, dieselbe Menge mit Entsorgungskosten von beispielsweise 280.000 € darzustellen. Es geht darum, die umweltbezogenen Leistungen eines Unternehmens mess- und nachvollziehbar zu machen. Umweltkennzahlen sind ein immer wichtigeres Instrument sowohl für die Verringerung der Umweltbelastungen als auch für die Kommunikation mit externen Anspruchsgruppen. Die Horizonte verlässlicher Prognosen haben sich mit der Zeit verkürzt, zu turbulent ist das Geschehen. Dabei ist schnelles Handeln nicht immer und jederzeit die beste Antwort auf neue Verhältnisse. Denn in einem turbulenten Umfeld sind es manchmal gerade die schnellen Entschlüsse, die sich im Nachhinein als übereilt und womöglich irreversibel erweisen. Eine nachhaltige strategische Planung muss auch mit plötzlich auftauchenden Irritationen fertig werden. Ansonsten besteht die Gefahr, durch abrupten Kurswechsel das strategische Gleichgewicht zu stören. Ein guter strategischer Plan kommt nicht allein mit quantitativen Informationen aus, gebraucht werden ebenso die qualitativen Informationen. Schwierig, d.h. komplex wird es vor allem durch Vernetzung von ökonomischen, sozialen und informationstechnischen Zusammenhängen. Umfangreiche Projekte zeichnen sich durch u.a. hohen Organisationsaufwand, eine ggf. über mehrere Rechnungsperioden hinweg andauernde Laufzeit oder durch hohen Vorfinanzierungsbedarf aus. Unter Finanzbedarf fällt unabhängig von der Deckung jede Art der Verpflichtung zur Zahlung. Der Kapitalbedarf errechnet sich als Saldo des Finanzbedarfs mit den Einzahlungen. Als Planungsinstrument wird der Projektablaufplan herangezogen, in dem die zeitliche Struktur des Projektes abzubilden ist. Wer ein Risiko, dem er ausgesetzt ist, fassen und bewerten will, muss sich auch mit dem Zeitraum auseinandersetzen, in dem das Risiko, das man kontrollieren will, wirksam ist. Der persönliche Zeithorizont hängt von den (Lebens-)umständen ab und kann sich im Laufe eines Lebens mehrfach ändern. Noch komplizierter wird die Sache dadurch, dass viele Menschen sich im Laufe ihres Lebens an verschiedenen Zeithorizonten orientieren. Oder auch: zu einem beliebigen Zeitpunkt gleichzeitig mehrere unterschiedliche Zeithorizonte haben. Sollen Fehlentscheidungen möglichst vermieden werden, kann man den Zeitaspekt eines Risikos nicht sorgsam genug überlegen. Risiken, die man zuverlässig quantifizieren kann unterscheiden sich noch von Unsicherheiten (der Unfähigkeit sicher zu wissen, was in der Zukunft passieren wird). Wobei man bei der Entwicklung von Szenarien (miteinander verknüpfte Beobachtungen über den zukünftigen Zustand der Welt) angelangt wäre. Szenarien sind also quasi "rivalisierende Ereignispfade". Im Grunde genommen sind sie (als Vorstellung, was möglicherweise in der Zukunft passieren wird) ein Bestandteil des täglichen Lebens. In Computermodelle sind es diese „Was-wäre-wenn"-Simulationen. Szenarien sind zwar kein Allheilmittel, können aber geeignete Instrumente zur Reduzierung von Unsicherheit sein. Da für die Zukunft nicht ausgeschlossen werden kann, dass bestimmte Ereignisse sämtliche bei der Erarbeitung von Szenarien getroffenen Annahmen auf den Kopf stellen, sollte man sich auch vor unangenehmen Szenarien nicht scheuen. Mit Risiken kann man nur angemessen umgehen (d.h. Risikomanagement betreiben), wenn sie über eine möglichst große Bandbreite von potenziellen Szenarien hin analysiert werden. Schwierigkeiten kann unter Umständen die Definition der „richtigen" Risikovariablen bereiten. Es geht dabei um nicht weniger als um die Abstraktion der Realität zu einem Modell der Welt. Eben weil jene Welt aber sehr komplex ist, wäre jeder Versuch, sie in all ihrer Vielfalt in einem Modell abzubilden, von Beginn an zum Scheitern verurteilt. Denn man müsste für eine unendliche Zahl von Variablen wissen, wie jede von ihnen auf alle anderen einwirkt. Und weiter: wie alle diese Interdependenzen das Gesamtsystem (-szenario) beeinflussen. Um einigermaßen praktikabel vorzugehen besteht der Trick darin, die wichtigsten Variablen zu identifizieren (die wenigen Variablen, die 90 Prozent des Gesamtergebnisses bestimmen) und alle anderen (zu vernachlässigenden) Variablen unter den Tisch fallen zu lassen. Hört sich zwar leicht an, ist in der Praxis aber nur mit viel Erfahrung und Kompetenz umzusetzen. Falls ein Unternehmen noch kein ausgebautes Umweltmanagement besitzt oder auch nicht anstrebt, wäre das Erstellen einer Input-Output-Analyse ein geeigneter Ausgangspunkt zur Ableitung von Kennzahlen: im ersten Schritt sollten zunächst alle umweltrelevanten Aspekte der Geschäftätigkeit ermittelt und dabei auf zu setzende Schwerpunkte geachtet werden. Wichtig ist, dabei das Prinzip der Zielorientierung im Auge zu behalten und Kennzahlen nur in solchen Bereichen abzuleiten, die für den Betrieb direkten Einfluss auf Verbesserungen bieten. Zunächst sollte man versuchen, diejenigen Sachverhalte zu erfassen, die wahrscheinlich deutlich erkennbare Auswirkungen auf die Umwelt haben können. Bei der Auswahl der Umweltkennzahlen sollte darauf geachtet werden, dass die Umweltsituation des Unternehmens möglichst adäquat abgebildet werden kann. Mit Hilfe von Materialkennzahlen kann man Optimierungsbestrebungen auf eine überschaubare Anzahl umweltverträglicher Stoffe reduzieren. Materialkennzahlen dienen auch dazu, den Einsatz von Problemstoffen durch umweltverträgliche Alternativen (z.B. nachwachsende Rohstoffe, Mehrwegverpackungen, Recyclingrohstoffe)zu steuern. Für die Bestimmung problematischer Stoffe sind neben der eingesetzten Menge auch qualitative Faktoren wie Ökotoxizität, Abbaubarkeit, Gesundheits- oder Sicherheitsrelevanz zu beachten. Dabei kann eine notwendige Finanzplanung nur dann den Forderungen an eine gute Finanzierung gerecht werden, wenn sie neben der Zusammenstellung von finanziellen Anforderungen auch Möglichkeiten zu einer Bedarfslenkung beinhaltet, also beispielsweise Begrenzung oder zeitliche Verteilung von Investitionen, Beschaffungs- und Lagervolumen, Mindestumsatz und evtl. Maximalumsatz (wegen Vorfinanzierung), Umfang und Zeitpunkt von Desinvestitionen. Kapitalausstattung, Kapitalbedarf, Wettbewerbsverhältnisse, Ertragslage, Einschätzung der Kreditwürdigkeit durch Außenstehende oder die finanzielle Abhängigkeit von Abnehmern ändern sich ständig. Das betriebliche Finanzkonzept ist als eine Strategie zur jederzeitigen Sicherung einer optimalen Finanzierung zu verstehen. Umweltleistungskennzahlen können in die Bereiche Stoff- und Energiekennzahlen sowie Infrastruktur- und Verkehrskennzahlen untergliedert werden. Umweltleistungskennzahlen ermöglichen somit die Beurteilung und Steuerung der Umweltauswirkungen. Umweltzustandskennzahlen liefern Informationen über die Umweltqualität in der Umgebung des Unternehmens, d.h. beispielsweise über die Wassergüte eines nahegelegenen Sees oder über die regionale Luftqualität. Hieraus können dann spezielle Umweltindikatoren sowie umweltpoltische Zielsetzungen und Prioritäten abgeleitet werden. Durch den Vergleich eigener Kennzahlen sowohl mit branchenzugehörigen als auch branchenfremden Unternehmen können eigene Stärken bzw. Schwächen erkannt und verdeutlicht werden (Benchmarking). Dabei geht es darum, welche Stoff- und Energieströme die einzelnen Teilbetriebe jeweils verlassen, d.h. die wichtigsten Ziels sind Identifizierung der Hauptemissions- und Abfallquellen, Verringerung von Abfall Abluft/ Abwasser) strömen und -kosten, Optimierung der Produkt-Umwelteigenschaften sowie Reduzierung lokaler Umweltauswirkungen. Umweltkennzahlen können auf verschiedene Bereiche, Werke oder Standorte bezogen werden und lassen sich deshalb nach Unternehmenskennzahlen, Standortkennzahlen oder Prozesskennzahlen unterscheiden. Prozesskennzahlen sind für die Erfassung der wesentlichen Verbrauchsquellen von Ressourcen sowie die Hauptverursacher von Emissionen wichtig. Sie werden auf unteren Organisationsebenen gebildet und sind somit insbesondere als Planungs-, Steuerungs- und Kontrollinstrumente geeignet. Dagegen sind Standort- und Unternehmenskennzahlen vor allem für die allgemeine Erfolgskontrolle des Umweltmanagements über einen längeren Zeitraum hinweg wichtig. Bei immer kürzeren Innovationszyklen wird die Qualität der Ausbildung zum strategischen Erfolgsfaktor für die Potenzialausschöpfung von Wirtschaftswissen. D.h. die Wettbewerbsfähigkeit einer Gesellschaft hängt nicht zuletzt von der Fähigkeit der Menschen ab, wie schnell diese in der Lage sind, auf neue Entwicklungen zu reagieren. Generelles Ziel für das Bildungsmanagement ist die Sicherung einer qualifizierten Nachwuchssicherung, *Risikomanagement nixcht ohne Wirtschaftswissen,* relevante Risikofelder sind u.a.: geopolitische Krisen, Bedrohungen aus der Cyberwelt, großflächige wirtschaftliche Veränderungen, volatile Märkte, Überalterung der Gesellschaft, wachsende Vernetzung, geographische Mobilität, finanzielle Risiken, operationale Risiken (z.B. Ausfall Lieferanten, Gewährleistungsverpflichtungen), verschärfte Regulierungen, neue Gesetzgebungen, Reputationsrisiken, Naturkatastrophen. Das richtige Management strategischer und externer Risiken, bietet Möglichkeiten, potentielle Bedrohungen in Chancen zu transferieren. Dafür muss im Vorfeld ermittelt werden, welche Risiken entstehen können, mit welchen Folgen (Kosten) in einem Worst-Case-Szenario gerechnet werden muss. Aber auch, wie groß die Chancen sind, angestrebter Ziele auch weiterhin zu erreichen. Die Gesamtkapitalrentabilität gibt an, wie gut mit den auf der linken Seite der Bilanz investierten Mitteln (Geld, Debitoren, Lager, Maschinen, Gebäude u.a.) gewirtschaftet wird. Gesamtrentabilität = r_{GK}= ((RG + FK − Zinsen)/GK) * 100% = ROA. r=Rentabilität, RG=Reingewinn, GK=Gesamtkapital, FK=Fremdkapital, ROA= Return On Assets. Während die Gesamtkapitalrentabilität anzeigt, wie gut das insgesamt eingesetzte Kapital wertvermehrend genutzt wird, zeigt sich in der Eigenkapitalrentabilität, wie wirkungsvoll die Mittel der >Inhaber vermehrt werden konnten: Eigenkapitalrentabilität = r_{EK} = RG/EK * 100% = ROE. r=Rentabilität, RG=Reingewinn, EK=Eigenkapital, ROE= Return On Equity. Die Rentabilität ist ein Maßstab dafür, wie gut die getroffenen Entscheidungen waren. Bei der Rentabilitätsanalyse sollte die Erhöhung von stillen Reserven heraus gerechnet werden, da durch sie ein Reingewinn ausgewiesen werden könnte, der nicht das tatsächliche Geschehen wiedergibt. Gleiches gilt für außerordentliche (und allenfalls neutrale) Positionen, wenn es darum geht, eine nachhaltige Rentabilität zu ermitteln. Rentabilität sollten zudem grundsätzlich nach Steuern berechnet werden. Bei dem sogenannten RONA-Verfahren (RONA= Return On Net Assets) wird die Gesamtrentabilität ermittelt, indem man das sogenannte betriebliche FK, in jedem Fall aber die Kreditoren, vom Gesamtkapital in Abzug bringt. Man betrachtet also nur den Teil des Kapitals, der nicht unmittelbar auf die normalen Geschäftsaktivitäten (Umsatz) zurückzuführen ist. Der Megatrend Digitalisierung mit selbstlernenden Systemen, kommunizierenden Maschinen, automatisierten Prozessen und Algorithmen macht vor kaum einem Arbeitsplatz halt. Zwar gab es schon immer Automatisierung. Neu ist aber, dass von ihr auch Wissensarbeiter wie beispielsweise Mediziner, Juristen, Wirtschaftsprüfer, Journalisten in einem solchen Umfang betroffen sind. Immer mehr lassen sich auch akademische Tätigkeiten automatisieren. Der Arbeitsalltag wird von einer Zusammenarbeit über funktionale und geographische Grenzen hinweg (Kollaboration) geprägt. Lebenslanges Lernen und Lernen am Arbeitsplatz werden von der Ausnahme zum Normalfall und essentiellen Baustein der Arbeitswelt. Soziale Netzwerke treiben die Interaktion voran und bündeln über gemeinsam genutzte digitale Plattformen das kollektive Wissen. Die Grenzen zwischen Lernen und Arbeiten fließen ineinander, kontinuierliche Weiterbildung ist für die Zukunft eine Kernanforderung. Neue Vergütungsmodelle stehen im Raum: ist in einem Jahr ein höhere Gehalt die attraktivste Option, ist es in einem anderen vielleicht ein längere Auszeit oder eine kürzere Wochenarbeitszeit. Alle Akteure sehen sich einem stärkeren Druck zu mehr Flexibilität ausgesetzt.

Themen-Leitfaden

Praxisbezogene Vermittlung von Wirtschaftswissen zur Vorbereitung auf das Berufsleben: für die einen ist Bildung um der Bildung willen wichtiger, für andere geht es stärker um Nützlichkeit, andere wiederum fordern in den Schulen mehr an Verbraucherbildung

Wirtschaftstheorien müssten viel stärker mit konkreten Beispielen (aus Gegenwart und Geschichte) veranschaulicht und ökonomische Phänomene in den jeweiligen historischen, sozialen und institutionellen Kontext eingebettet werden

In den Lehrplänen sind Wirtschaftsthemen traditionell unter- oder überhaupt nicht besetzt- vor diesem Hintergrund erscheinen Umweltkennzahlen als ein immer wichtigeres Instrument sowohl für die Verringerung der Umweltbelastungen als auch für die Kommunikation mit unterschiedlichen Interessengruppen

Wirtschaftswissen wird im realen Alltag häufig mit der Frage konfrontiert, ob und wann sich ein Vorhaben (sprich Investition) wirklich lohne

Die Kompetenz des Verstehens wird umso wichtiger, da es um die Beherrschbarkeit einer exponentiell vermehrten Informationsmenge geht: die sich immer höher auftürmenden Informationsfluten müssen auch gedanklich verarbeitet, d.h. verstanden werden

Ressourcenlenkung erfolgsentscheidender Handlungsfelder auf Grundlage monetärer und nicht monetärer Informationen - Umweltkennzahlen verdichten Umweltdaten auf überschaubare

Schlüsselinformationen, umweltrelevante Gesichtspunkte können in Kosten und Erträge (die Sprache der Wirtschaft) übersetzt werden

Prognose und zielgerichtetes Handeln im strategischen Gleichgewicht - trotz des Blicks auf ein verkürztes Zukunftsbild braucht es nach wie vor optimierte Entscheidungen: auch wo sich das Umfeld als prinzipiell unvorhersagbar präsentiert, muss Zukunft gestaltet werden

Viele Systeme (beispielsweise das der Ökologie) funktionieren nur so lange, so lang sie in einem dynamischen Gleichgewicht (welches auf Zyklen und kontinuierlichen Schwankungen beruht) gehalten werden - der In- und Output der Stoff- und Energieströme

Das Gesetz der großen Zahlen und Finanzkonzepte als notwendige Strategie zur jederzeitigen Sicherung einer optimalen Finanzierung

Berufsqualifizierender Praxisbezug mit arbeitsmarktbezogener Qualifikation - Bildungswege mit komplexen Gedankengängen und multikausalen Prozessen

Der Markt dreht sich immer schneller, die Halbwertzeiten von Produkten und Leistungen werden immer kürzer - intelligentes Management, zielführendes Arbeiten mit wirtschaftlichen Nutzwerten

Für die Messung der Wirtschaftlichkeit sollte eine zweite Beurteilungsstufe durchlaufen werden, bei der eine Kriteriengruppe als Ganzes gewichtet und mit den relativierten Gruppenbewertungsziffern multipliziert wird: die Addition dieser Werte ergibt eine Gesamtbewertungsziffer mit höherer Aussagekraft

Kalkulation von Alternativen - das richtige Management strategischer und externer Risiken, bietet Möglichkeiten, potentielle Bedrohungen in Chancen zu transferieren

Mit Wissensmanagement exaktes Wissen im voraus: alle Formen von Ökonomie sind immer das Ergebnis von Informationsbewegungen

Eine entscheidende Frage lautet: wie rentabel sind die von einem Unternehmen investierten Gelder angelegt? Dabei sind es die Aktiva, mit denen ein Unternehmen operiert, mit ihnen wird gearbeitet und Gewinn erwirtschaftet, sie charakterisieren gewissermaßen die Infrastruktur

Individuelle Kompetenz umfasst netzartig zusammenwirkende Facetten wie Wissen, Fähigkeit, Verstehen, Können, Handeln, Erfahrung, Motivation. Dies alles sind Eigenschaften, die eine Person befähigen, konkrete Anforderungssituationen im mfeld von Umwelt- und Wirtschaftswissen zu bewältigen

Praxisbezogene Vermittlung von Wirtschaftswissen zur Vorbereitung auf das Berufsleben: für die einen ist Bildung um der Bildung willen wichtiger, für andere geht es stärker um Nützlichkeit, andere wiederum fordern in den Schulen mehr an Verbraucherbildung

Schulen und Unternehmen sind Orte, die auf den ersten Blick unterschiedlicher nicht sein können: in Schulen geht es um Bildung, in Unternehmen um Umsatz und Gewinn. Trotzdem (oder gerade deswegen) gibt es viele Berührungspunkte: Unternehmen brauchen kreative, innovative Köpfe, die als Voraussetzung hierfür an den Schulen mit einer entsprechenden Bildung versorgt wurden. Schulen ihrerseits brauchen zur Erfüllung ihres Auftrags wirksame Ergänzungen ihres theoretischen Unterrichts. Was könnte hierfür besser geeignet sein als Kooperationen und Begegnungen ihrer Schüler mit der Wirtschaft. Wenn also Lehrer die Expertise von Wirtschaftsfachleuten für ihren Unterricht fruchtbar und ihre Schüler dadurch schlauer machen könnten. Beispielsweise durch praxisbezogene Vorträge von Leuten aus den Unternehmen. Oder die Nutzung von Laborräumen eines Chemieunternehmens für den Unterricht. Oder ein Bewerbungstraining für Schüler der Abschlussklassen. Oder, oder, oder: die Reihe solcher Beispiele ließe sich noch weit fortsetzen. Schüler könnten auf solchen Wegen ökonomische Zusammenhänge besser verstehen lernen (zumal hierauf bezogen ohnehin allenthalben erhebliche Lücken und Mängel bestehen) und wertvolle Einblicke in ihre zukünftigen Arbeitswelten gewinnen. Übertrieben, wenn auch nicht immer ganz unbegründet, scheinen die Ängste mancher, dass damit gefährliche wirtschaftliche Mächte von den Schulen Besitz ergriffen und diese als ein Einfallstor für Werbung und Lobbyismus missbrauchen würden. Ohnehin sind Schüler gegen solche Gefahren vor allem außerhalb ihrer Schule nicht gefeit. Innerhalb schulischer Räume wären diese zu vermeiden: durch kompetente Lehrkräfte, die Eindrücke und Informationen aus der Wirtschaftswelt im Nachhinein nochmals ausführlich besprechen und einordnen. Und grundsätzlich durch eine Schule, die klare Bildungsziele verfolgt und hierfür das Heft des Handelns immer in der Hand behält.

Schulwissen Wirtschaft pro und contra: braucht man in der heutigen Zeit wirklich in allen diesen Schulfächer wie Erdkunde, Biologie, Physik, Chemie mehr als ein überschaubares Grundwissen? „Leisten Kunst und Musik einen wichtigen Beitrag zur Persönlichkeitsbildung, oder sind sie nur Schmuck und in Zeiten, in denen andere Wissensgebiete wichtiger werden, verzichtbar? Die Antworten hierauf fallen sehr unterschiedlich aus: „für die einen ist Bildung um der Bildung willen wichtiger, für andere geht es stärker um Nützlichkeit". Andere wiederum fordern in den Schulen mehr an Verbraucherbildung. Unter diesem Begriff werden zusätzliche Unterrichtsinhalte wie Gesundheitserziehung oder ökologische Bildung gefordert. Fast einhellig scheint die Meinung, dass jedes Kind in der Schule das Einmaleins einer gesunden Ernährung lernen sollte. Und schon lange wird ein Schulfach Wirtschaft gefordert, „nicht nur von Wirtschaftsverbänden und Ökonomen, sondern auch von einer großen Mehrheit der Jugendlichen". Obwohl gerade für eine solches Schulfach die Meinungen darüber besonders weit auseinander liegen.

Nach Ansichten der Befürworter eins solchen Faches spielt die Ökonomie in Politik, Gesellschaft wie auch im Alltag eine derart große Rolle, dass junge Menschen ein systematisches Wissen brauchen, um sich in der Welt zurecht zu finden. Für die Kritiker dagegen gilt die Gefahr zu bedenken, dass damit Gewinnstreben verherrlicht und soziale wie auch ökologische Aspekte außer Acht gelassen würden. Andere suchen für die diese gegensätzlichen Positionen nach mehr grundsätzliche Antworten: „Muss man in der Schule wirklich lernen, wie man einen Mietoder einen Versicherungsvertrag ausfüllt? Sinnvoll erscheint der Grundsatz, Schule sollte zwar auf das Leben vorbereiten, aber nicht auf jede denkbare Lebenssituation. In ihr soll strukturelles Wissen systematisch aufbereitet vermittelt werden. Praktische Lebenshilfe kann nicht Kern des Pflichtunterrichts sein".

Wirtschaftstheorien müssten viel stärker mit konkreten Beispielen (aus Gegenwart und Geschichte) veranschaulicht und ökonomische Phänomene in den jeweiligen historischen, sozialen und institutionellen Kontext eingebettet werden

Wirtschaftswissen Volkswirtschaft: wir erleben eine ökonomische Achterbahnfahrt mit Bankenkrach, Finanzblase, Schuldenkrise, Euromisere, Null- und Negativzinsen, Stagnation der großen Volkswirtschaften und die Wissenschaft von der Wirtschaft vermittelt hierzu nur verengte und realitätsferne Sichten auf der Grundlage von radikal vereinfachenden Modellen. Gegen eine verengte Sicht hilft ein komplexeres Bild menschlichen Handelns als das des kühl, egoistisch maximierenden Homo oeconomicus. Mit einem intensiven Austausch mit anderen Wissenschaften und Denkansätzen eines Generalisten. Ein Ökonom, der nur Ökonom sei, sei kein guter Ökonom: Er müsse gleichzeitig auch Mathematiker, Historiker, Politiker und Philosoph sein. Es geht um stärker interdisziplinär ausgerichtete Ansätze. Der Wunsch nach breiterer Bildung ist aber mit einem Bachelorstudium (auf schnelles Pauken getrimmt) nur schwer zu realisieren. In jedem Fall können einfach gestrickte Modelle einmal ein Anfang sein, um die Komplexität der ökonomischen Welt zu durchdringen.

Ein amerikanischer Politiker unterschied einmal drei Arten von Fakten: „Es gibt erstens, „Known Knowns, also Dinge, von denen wir wissen, dass wir etwas über sie wissen. Zweitens sind da die „Known Unknowns", also Dinge, von denen wir wissen, dass wir nichts über sie wissen. Und drittens sind da noch die

„Unknown Unknowns", also Dinge, von denen wir nicht wissen, dass wir nichts über sie wissen. Beispiel aus der Schule: nach Klassenarbeiten sind oft immer ein oder zwei dabei, die sich über ihre vielen Fehler ärgern. Und genau diese Verdrossenen erhalten dann die besten Noten. Gerade die Besten sind am häufigsten jene, die sich selbst am meisten unterschätzen. Oder anderes herum: wer keine Ahnung hat, der merkt es einfach nicht. Genau dieses Problem zeigt sich auch bei der Geldanlage. Bei dem Auf und Ab an der Börse macht selbst der größte Experte nicht immer nur Gewinne, sondern eben auch Verluste. Im Grunde kann er froh sein, wenn er mit sechs von zehn Entscheidungen richtig liegt. Unwissende neigen dazu, einen eventuellen Misserfolg auf das Pech zu schieben. Dieser Irrtum wird noch verstärkt durch eine Tendenz zur Selbstüberschätzung. Nur echte Profis stehen dem Geschehen an den Märkten oft am demütigsten gegenüber, eine Voraussetzung dafür, um auf der Grundlage von solider Investment-Erfahrung das richtige Maß an Vorsicht walten zu lassen. Aber wenn es schon hauptberuflichen Investoren so schwer fällt, zu verstehen, ob sie richtig liegen – wie sollen dann erst Laien dies einschätzen können? „Mit allem, was sie selbst überzeugend finden, liegen sie nämlich höchstwahrscheinlich daneben". Schon der alte Grieche Sokrates sollte gesagt haben: „Ich weiß, dass ich nichts weiß".

In den Lehrplänen sind Wirtschaftsthemen traditionell unter- oder überhaupt nicht besetzt- vor diesem Hintergrund erscheinen Umweltkennzahlen als ein immer wichtigeres Instrument sowohl für die Verringerung der Umweltbelastungen als auch für die Kommunikation mit unterschiedlichen Interessengruppen

Die Schule ist auf dem Weg, die zusammenhängende Schreibschrift abzuschaffen und durch eine sogenannte Buchstabeschrift ohne Verbindungselemente, eine leicht zu erwerbende Grundschrift, zu ersetzen. Muss sich hierzu aber fragen lassen, ob eine vereinfachte Sprache nicht auch ein vereinfachtes Bewusstsein bewirken könnte. Der vielleicht nur vordergründig erscheinende Verzicht bedeutet einen Verlust an zentralen Bildungserfahrungen. Es geht um: ertragswirksame Umweltchancen erkennen, Bestandsaufnahme im Zeitreihen- und Betriebsvergleich, Kennzahlen für Umweltmanagement, Input-Output-Analyse der Stoff- und Energieströme, umweltrelevante Aspekte der Geschäftstätigkeit, Kennzahlenkatalog Material, Lagerhaltung, Reststoffe, Abfälle, Schutzmaßnahmen, Gefährdungspotenzial, Kennzahlenkatalog Beschaffung, Vorgehensweise Kennzahlenermittlung, Umwelt-Checkliste Materialbeschaffung, Lagerhaltung, Umwelt-Checkliste Lieferantenbeurteilung, Checkliste Beschaffung Produkte, Teile, Gebrauchsgüter, unternehmensübergreifendes Umwelt-Benchmarking, Rückgriff auf Informationen und Messwerte, Festlegung der Kennzahlenbereiche. *Bildungskarriere und Erziehungsauftrag:* Vertiefung der Spezialisierung – Verbreiterung des Wissensfundaments, vereinfachte Sprache fördert vereinfachtes Bewusstsein – Komplexität und Kompetenz, anonyme Datenanalysemaschinen und selbstbestimmtes Handeln, Umweltkennzahlen verdichten Umweltdaten auf überschaubare Schlüsselinformationen, In- und Output der Stoff- und Energieströme, Lagerhaltung, Reststoffe, Abfälle, Benchmarks für die Umwelt.

Bildungskarriere und Erziehungsauftrag: Schulunterricht damals – heute: Eltern als Richtschnur – finanzieller und sozialer Hintergrund der Eltern. Guter Schulunterricht setzt heute auch Kompetenzen voraus, die in aller Regel eher außerhalb der Schule erworben wurden. Hierzu zählen u.a. Vereinssport, Musikunterricht oder Ehrenamt. Bei diesen außerschulischen Kompetenzen dürften auch soziale Unterschiede oder auch bestimmte Schulformen eine Rolle spielen. So könnte der Bildungsstand der Eltern einen Einfluss auch auf die Nachmittagsgestaltung von Schülern haben. Die Wahrscheinlichkeit, dass sich Schüler auch außerhalb der regulären Schulzeiten bildungsorientiert beschäftigt ist größer, wenn bereits die Eltern über einen Abitur- oder Hochschulabschluss verfügen. Vielleicht beruhen die Freizeitaktivitäten von Jugendlichen nicht immer nur auf rein eigenständigen Entscheidungen. Wie etwa das Erlernen eines Musikinstrumentes: was aber häufig andere kognitive Fähigkeiten positiv beeinflussen mag. Je höher die soziale Schicht des Elternhauses desto eher sieht dieses als originären Erziehungsauftrag an, seine Kinder „sinnvoll" zu beschäftigen oder in einem Sportverein anzumelden. Schon weil man stärker bemüht sein wird, seinen Kindern eine bessere (relative) Startposition zu verschaffen. Somit wirkt sich der finanzielle und soziale Hintergrund der Eltern auch auf die spätere Bildungskarriere ihrer Kinder aus. Nicht zuletzt betrachten Kinder ihre Eltern oft auch als Richtschnur für ihren eigenen Bildungsweg: womit sich der beschriebene Kreis dann schließt.

Erfolgsorientierter Student anstatt Studium generale: Freiräume für individuelle Sonderwege – ganzheitliches Denken und Verstehen von Zusammenhängen. Für viele Jugendliche geht es darum, auf dem Weg des geringsten Widerstandes, bepackt mit gespeichertem Wissen im Alter von 17 Jahren ein Hochschulstudium zu beginnen. Auch dieses Studium ist dann wieder nur ein Lernbetrieb: diesmal halt eben für spezielles Fachwissen. Geistige Eigenständigkeit, Kritikfähigkeit, Selbstreflexion, ganzheitliches Denken und das Zusammenfassen von Zusammenhängen können auf einem solchen Weg kaum eingeübt werden. Das Verstehen bleibt allzu leicht auf der Strecke oder wird als eher nachrangig abgetan. Studentische Eskapaden sind in umfassend fordernden Lernprogrammen nicht mehr vorgesehen oder gar akzeptabel. Die letzten noch vielleicht verbleibenden Zeitlücken werden mit vollen Studienplänen und umfangreichen Praktika geschlossen. Sollte trotzdem noch ein Schnipsel an freier Kapazität verbleiben, soll diese in der Regel nicht für eine Verbreiterung des Wissensfundaments, sondern für eine weitere Vertiefung der Spezialisierung verwendet werden. Es geht also um den Erhalt von Freiräumen, um Entschleunigung und Flexibilität der Bildung. Nur so können Wege vom Wissen zum Verstehen beschritten werden.

Wirtschaftswissen wird im realen Alltag häufig mit der Frage konfrontiert, ob und wann sich ein Vorhaben (sprich Investition) wirklich lohne

Amortisations- oder Payback-Methode: diese Technik misst die Zeitspanne, die notwendig ist, um eine Investition zu amortisieren, d.h. durch Bargeldrückfluss abzuzahlen. Dies ist die Zeitdauer, die bis zur Wiedergewinnung der Anschaffungsausgabe aus den Einnahmeüberschüssen des Projektes verstreicht:

Berechnung der Payback-Periode:

Periode	Bargeldrückfluss		Rückfluss
			Jahre
	€ gesamt	€ nötig	nötig
1	32.000	32.000	1,0
2	28.000	28.000	1,0
3	31.000	31.000	1,0
4	30.000	30.000	1,0
5	27.000	2.796	0,1
Investition		123.796	
Amortisations-Payback-Jahre:			4,1

Wenn der Bargeldrückfluss für jedes Jahr einheitlich ist, kann die Payback-Periode durch die Teilung der Investition mit dem jährlichen Cashflow errechnet werden:

Pay-off-Dauer mit Durchschnittsbildung:

1. Jährlicher Cash flow:	32.000 €
2. Investition	123.796 €
3. Rückfluss= 2. : 1.	3,9 Jahre

Aufgrund der Durchschnittsbildung könnte der Fall eintreten, dass für ein Projekt eine sehr kurze Pay-off-Dauer errechnet wird, obwohl alle Einzahlungsüberschüsse erst gegen Ende der Nutzungsdauer anfallen. Die Amortisationsrechnung wird in der Praxis sowohl zur Beurteilung einer einzelnen Investition als auch zum Alternativenvergleich herangezogen. Bei Einzelprojekten lässt sich lediglich ermitteln, ob die Anschaffungsausgabe innerhalb der geplanten Nutzungsdauer zurückgewonnen werden kann. Zwar ist damit noch keine rechnerische Aussage über die Wirtschaftlichkeit möglich. Eine solche wird dadurch gewonnen, dass sich in der Praxis oft branchenspezifische Erfahrungswerte herausgefiltert haben, welche darauf hinweisen, ob ein Projekt als wirtschaftlich anzusehen ist, beispielsweise: die Pay-off-Periode darf maximal 50% der geplanten Nutzungsdauer betragen. Für Entscheider stehen bei dieser Art der Rechnung grundsätzliche Sicherheitsziele, weniger exakt quantifizierbare Einkommensziele, im Vordergrund der Betrachtung.

Absolute Pay-off-Dauer in Jahren:

$$\text{Wiedergewinnungszeit in Jahren} = \frac{\text{Kapitaleinsatz}}{\varnothing \text{ kalk. Gewinn p.a.} + \varnothing \text{ kalk. Abschreibung p.a.}}$$

Projekt	Nutzungsdauer in Jahren	Anschaffungs- Kosten	durchschn. kalk. Gewinn	durchschn. kalk. Abschr.
A	2,5	28.000	2.200	7.800
B	3,6	33.000	2.390	6.900

Absolute Pay-off-Dauer in Jahren:

| A | = | 2,80 Jahre |
| B | = | 3,55 Jahre |

Entscheidend für die Projektbeurteilung ist nicht nur die absolute Zeit der Rückgewinnungsdauer in Jahren. Diese ist zusätzlich zur technischen Lebenserwartung oder der geplanten Nutzungsdauer des Projektes ins Verhältnis zu setzen. Daraus ergibt sich die relative Pay-off-Dauer als aussagefähigerer Maßstab. Aus o.a. Beispiel werden daher jeweils die für Projekt A errechnete Pay-off-Dauer von 2,80 Jahren sowie die für Projekt B errechnete Pay-off-Dauer von 3,55 Jahren ins Verhältnis zur geplanten Nutzungsdauer von 2,5 bzw. 3,6 Jahren gesetzt:

Relative oder prozentuale Pay-off-Dauer:

relative/prozentuale Pay-off-Dauer =	Pay-off-Zeitraum in Jahren x 100 / geplante Nutzungsdauer in Jahren
Projekt	
A	112,0%
B	98,7%

Anhand des Beispiels wird deutlich: Projekt A weist gegenüber Projekt B zwar eine kürzere Armortisationsdauer aus, die Rückgewinnung des Kapitals innerhalb der geplanten Nutzungsdauer ist jedoch nur mit Projekt B, nicht aber mit Projekt A möglich.

Average-Return-on-Investment-Methode: die Kalkulation nach dieser Methode ist u.a. in folgenden Variationen möglich:

1	32.000	32.000
2	28.000	28.000
3	31.000	31.000
4	30.000	30.000
5	27.000	2.796
Investition		123.796

Jahresrendite = Reingewinn nach Steuer / Nutzungszeit : Anschaffungswert x 100

Reingewinn nach Steuern, jedoch ohne Abzug der Abschreibung	= € 235.000
minus Abschreibung (€ 123.796 - € 12.380)	= € 111.416
Reingewinn nach Steuer für Lebensdauer	€ 123.584

$$\text{Jahresrendite} = \frac{123.584}{6 \text{ Jahre}} : 123.796 \times 100 = 16{,}64\,\%$$

oder:

$$\text{Jahresrendite} = \frac{\text{Reingewinn nach Steuer}}{\text{Nutzungszeit}} : \text{Durchschnittsinvestition} \times 100$$

Ausgehend von o.a. Beispieldaten ergibt sich:

Anschaffungswert	= € 123.796
Restwert am Ende der Lebensdauer	= € 12.000
	= € 135.796

Durchschnittsinvestition	= € 135.796 : 2
	= € 67.898

$$\text{Jahresrendite} = \frac{123.584}{6 \text{ Jahre}} : 67.898 \times 100 = 30{,}34\,\%$$

Die beiden Varianten unterscheiden sich dadurch, dass in der 1. Berechnung der Nenner der Gesamtbeschaffungswert ist, in der 2. Berechnung der Nenner der Durchschnittsbeschaffungswert ist.

Die Kompetenz des Verstehens wird umso wichtiger, da es um die Beherrschbarkeit einer exponentiell vermehrten Informationsmenge geht: die sich immer höher auftürmenden Informationsfluten müssen auch gedanklich verarbeitet, d.h. verstanden werden

Verstehen ist die Voraussetzung für vernünftige Orientierung und sachlich fundierte Entscheidungen. Durch die unaufhaltsame Vermehrung verfügbaren Wissens und immer komplexere Kombinationen riesiger Datenmengen wird Verstehen nicht erleichtert, sondern eher erschwert. Die maximierte Ansammlung von Daten ist kein Maß für das richtige „Wissen-Müssen" und es ist Vorsicht geboten, damit die Zunahme an Informationsmenge statt mehr Wissen nicht auch Nichtwissen hervorbringt.

Vereinfachte Sprache befördert vereinfachtes Bewusstsein – Komplexität und Kompetenz Sprachbewusstsein und Dynamik des Lesens: Lücken am Ende einer Schüler-Bildungslaufbahn – Reduktion auf das Funktionale – Einfache Satzstrukturen und kleine Textfetzen. Die Rechtschreibreform trägt ein gerütteltes Maß an Verantwortung für die sich ausbreitende Gleichgültigkeit gegenüber Fragen eines korrekten Sprachgebrauchs: sie provoziert daneben noch Unsicherheit. „Jeder, wie er will, und wer nicht will, kann am Ende weder lesen noch schreiben." Studenten, die davon eigentlich ausgenommen sein sollten, haben nach Hinweisen ihrer Universitätslehrter Schwierigkeiten, sich einigermaßen präzise auszudrücken, Rechtschreibung und Grammatik sind auf dem Rückzug. Als Ergebnis der schulischen Bildung wird sogar ein „Sprachnotstand an der Uni" konstatiert.

Am Ende der Bildungslaufbahn eines Schülers scheint es noch an vielem zu fehlen: die grundlegende Kulturtechnik des Schreibens wird nur unzureichend und manchmal gar nicht beherrscht. Immer mehr Fehlertoleranz und noch mehr Laptops und Smartphones im Unterricht haben diese Entwicklung nicht etwa gestoppt, sondern zusätzlich beschleunigt.

Um diesen Sachverhalt nicht allzu offensichtlich zu machen, wurde das Anforderungsniveau für richtiges Schreiben immer weiter gesenkt, um „alles allen so einfach wie möglich zu machen": nur noch kurze Wörter benutzen (lange Wörter gegebenenfalls teilen und mit Bindestrichen verbinden). Lange Sätze vermeiden, Nebensätze nur ausnahmsweise formulieren. Nur einfache Satzstrukturen ohne Negationen, Konjunktiv u.a. Obwohl doch Sprache das ist, mit dem gedacht, argumentiert, abgewogen, nuanciert, differenziert und artikuliert werden kann, wird sie mehr und mehr auf eine Übermittlung simpler Informationen reduziert: eine derartige Komplexität sei nur ein schlichtweg „verzichtbares Privileg einer Bildungselite".

Man ist auf dem Weg, die zusammenhängende Schreibschrift abzuschaffen und durch eine sogenannte Buchstabeschrift ohne Verbindungselemente, eine leicht zu erwerbende Grundschrift, zu ersetzen. Muss sich hierzu aber fragen lassen, ob eine vereinfachte Sprache nicht auch ein vereinfachtes Bewusstsein bewirken könnte. In jedem Fall wird das angestrebte Funktionale durch Reduktion und Einfachheit mit einem Verzicht auf Bedeutungsvielfalt und Unterschiedlichkeit beim Lesen und Schreiben von Texten erkauft. Der vielleicht nur vordergründig erscheinende Verzicht bedeutet einen Verlust an zentralen Bildungserfahrungen, an Dynamik das Lesens, an Möglichkeiten in den Sog des Geschriebenen zu geraten, in Texten zu versinken. Der Erwerb von Kompetenzen wird eher nicht befördert, wenn in studentischen Klausuren Fragten und Themen kaum noch in ganzen Sätzen beantwortet werden können, wenn der Prozess des Schreibens nur noch im Ankreuzen vorgegebener Antworten verinnerlicht wird, wenn über Smartphones nur noch Textfetzen weitergeleitet und ausgetauscht werden.

Anonyme Datenanalysemaschinen und selbstbestimmtes Handeln: Gefühlswelten und Entscheidungsfreiheit - Manipulation und Schutzmechanismen – berechenbares Individuum als digitaler Doppelgänger – im Algorithmus gefangen und befangen – Digitale Interaktion und sozialer Druck. Die Macht der Algorithmen, so hört und liest man, wächst: sie steuern unser Leben, stehen mit uns auf, gehen mit uns schlafen. Algorithmen machten die Handlungen eines jeden Einzelnen berechenbar und vorhersagbar. Wenn also eine Ehefrau beim Kauf eines Anzuges für ihren Mann dann moniert, dass er sich einfach nicht entscheiden könne: der Algorithmus hätte es, quasi als Doppelgänger jeden Individuums, gewusst. Faszinierende Computerprogramme, gespeist mit neuesten wissenschaftlichen Erkenntnissen, könnten, so propagieren viele Software-Gurus, einfach nicht irren: schon gar nicht im Vergleich zu den Beschränkungen eines menschlichen Gehirns. Menschen würden wie Marionetten an den Fäden des Algorithmus in den Fängen der Manipulierbarkeit hängen: nicht mehr der Einzelne könne entscheiden, sondern nur noch ein gefühlloser Algorithmus.

Abseits von aller Sachproblematik ist damit ein Knackpunkt angesprochen: die Gefühlswelt des Menschen. Auch ein noch so gescheiter und mit Daten vollgestopfter Algorithmus müsste wohl eher ratlos vor den Menschen innewohnenden Gefühlsschwankungen stehen und dann mit dem Datensammeln von vorne beginnen: quasi ein RESET des Algorithmus. Nur wer ohne Vorbehalte akzeptiert, dass er sich vorhersehbar verhält, wird auch vorhersehbar handeln. Nur wer daran glaubt, dass eine anonyme Datenanalysemaschine besser weiß, was für ihn gut ist, verzichtet auf eigene Entscheidungen, auf Freiheit und selbstbestimmtes Handeln. Freies Denken, menschliche Unvollkommenheit und Gefühlswelten können daher als wirksame Schutzmechanismen gegen die anonyme Macht der Algorithmen funktionieren. Dies ist umso dringender ein Gebot der Stunde, als durch anonyme Algorithmen, vielleicht zunächst nur unbemerkt, ein sich destotrotz dynamisch entwickelnder sozialer Druck aufgebaut wird: jede Interaktion (und sei sie auch noch so kritisch) wird als wertvoller Input zur weiteren Perfektion des Systems erfasst und aufgezeichnet. Alle Versuche, den Mustern der Algorithmen entgegenzuwirken, werden ausgewertet und für neue Algorithmen verwendet. Niemand weiß, welche Instanz an den Reglern der Algorithmen sitzt, man kennt weder Motive noch hat man Einfluss auf sie. Die größten Gefahren, die aus solcher Erkenntnis der Ohnmacht entstehen, lauern in den Wahrscheinlichkeiten einer zunehmenden Selbstzensur.

Ressourcenlenkung erfolgsentscheidender Handlungsfelder auf Grundlage monetärer und nicht monetärer Informationen - Umweltkennzahlen verdichten Umweltdaten auf überschaubare Schlüsselinformationen, umweltrelevante Gesichtspunkte können in Kosten und Erträge (die Sprache der Wirtschaft) übersetzt werden

Wirtschaftswissen ist eine Sammlung von Traditionen, Werten, Regeln, Glaubenssätzen, Haltungen u.a., d.h. gewissermaßen die DNA eines Unternehmens, ein durchgehender Kontext für alles, was dort gedacht und getan wird. Die Wettbewerbsposition, die Finanzierungsmöglichkeiten und Strategien hängen hierbei auch von der Persönlichkeit des Unternehmers ab. Um sich im Markt nachhaltig zu behaupten, ist ein gutes Produkt zwar Voraussetzung, aber nicht unbedingt hinreichend. Es braucht die Kraft, auf der Grundlage eines klaren Marktverständnisses und einer eigenen hohen Gestaltungsfreude immer wieder neue Vorstöße zu starten (z.B. mit neuen Preismodellen, überraschenden Vertriebsinitiativen, internen Innovationsoffensiven). Solche Kräfte speisen sich vor allem aus der DNA des Unternehmens: der Fähigkeit, Prozesse ständig neu auszurichten, dass sie das Spannungsfeld zwischen qualitativ ansprechender und gleichzeitig kosteneffizienter Leistung überbrücken. Werden dabei Steuerungsinstrumente wie strategische und operative Planung, monetäre und nicht-monetäre Berichtssysteme, Zielvereinbarungen und Innovationsmanagementsysteme richtig eingesetzt, lenken sie die (in der Regel knappen) Ressourcen auf die erfolgsentscheidenden Handlungsfelder. Managementkultur wird damit zum Differenzierungsfaktor. Während die amerikanische Managementkultur vor allem auf die Relevanz und Verantwortung des Einzelnen baut (und sich durch einen gesunden Pragmatismus auszeichnet), ist die deutsche Managementkultur eher auf hohe Leistungsorientierung (bei gleichzeitiger Fehlervermeidung) ausgerichtet. Obwohl eine Managementkultur auf einer Vielzahl von Grundannahmen, Werten und Normen basiert, bleibt ein Großteil von ihr weitgehend unsichtbar: sichtbar ist nur die Spitze des Eisbergs (aus Strukturen, Prozessen, Verhalten und Kommunikation). Entscheidend sind aber auch die informellen Kommunikations- und Entscheidungswege, die sich aus keinem Organigramm herauslesen lassen. Zu den wichtigsten Kulturelementen zählen Veränderungsbereitschaft, Führungsstil, Organisationsform, Zielorientierung, Werte und Grundsätze.

Ein Unternehmen sollte deshalb immer bestrebt sein, seine Schlüsselpositionen mit Mitarbeitern zu besetzen, die nicht nur fachlich hochqualifiziert sind, sondern die angestrebte Managementkultur auch am besten verkörpern können. Beurteilungs- und Auswahlprozesse sollte dahingehend angepasst werden. Managementberichte müssen auch trotz aller Zahlenkolonnen, strategischen Planungen und Budgetierung mehr sein als ritualisierte Fortschreibungsübungen. Wenn sich die Dinge (frei nach Einstein) vom Primitiven zum Komplizierten zum Einfachen entwickeln, müssen die verwendeten Führungsinstrumente immer wieder auf Notwendigkeit, Pragmatismus und Zielorientierung hin hinterfragt werden. „Denn einfache Führungssysteme zeichnen sich nic ht dadurch aus, dass sie wie von alleine funktionieren. Einfache Führungssysteme zeichnen sich eher dadurch aus, dass nicht mehr weggelassen werden kann, ohne die Funktionsfähigkeit des Systems zu gefährden." Oftmals werden monetäre und nicht monetäre Informationen an den unterschiedlichsten Stellen vorgehalten (eine integrierte Sicht auf das Ganze ist nur mit viel Mühe möglich). Die Managementberichte werden mit Kennzahlen überfrachtet (statt sich auf die strategischen Botschaften zu konzentrieren): die Erreichung welcher Ziele sind für den Erfolg wichtig? wie hängen sie zusammen? welche Maßnahmen sind mit welcher Priorität anzugehen? welche Zielerreichungsgrade sind angemessen? Ohne klare, strategisch relevante Zielsetzungen verliert man sich schnell im Gestrüpp der Beliebigkeit von Ursache-Wirkungs-Beziehungen. Dinge einfach zu gestalten ist deutlich schwieriger, als sie kompliziert zu konzipieren. Konsequente Befolgung von Stringenz und Einfachheit muss sich nicht nur auf zusätzliche Arbeit, sondern auch auf eine Menge von Fragen zu angeblich ehernen Glaubenssätzen einstellen (beispielsweise Verzicht auf detaillierte Budgets? Verzicht auf umfangreiche Berichte? Steuerung ohne viele Planzahlen? Erhöhung der Entscheidungsspielräumer vor Ort?). Umweltkennzahlen unterstützen Entscheider beim Auffinden der Schwachstellen des betrieblichen Umweltschutzes ebenso wie beim Erkennen ertragswirksamer Umweltchancen:

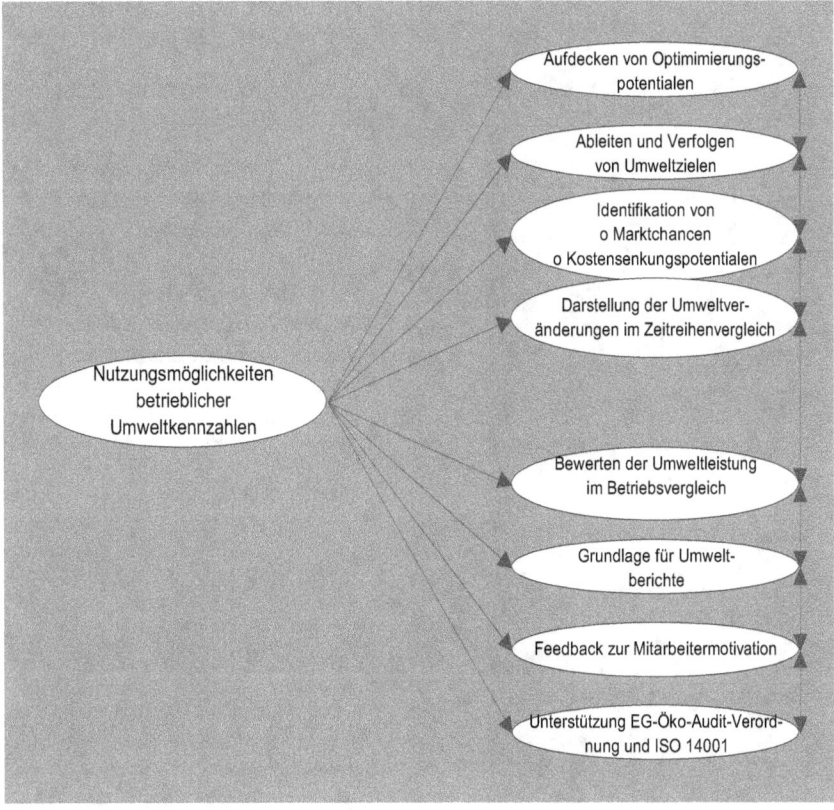

Bestandsaufnahme im Zeitreihen- und Betriebsvergleich: Umweltkennzahlen haben eine wichtige Funktion in der internen Ermittlung von Schwachstellen und Optimierungspotentialen. Beispielsweise können Sie im Rahmen einer Bestandsaufnahme solche Kennzahlen im Zeitreihen- und/oder Betriebsvergleich einander gegenüberstellen.

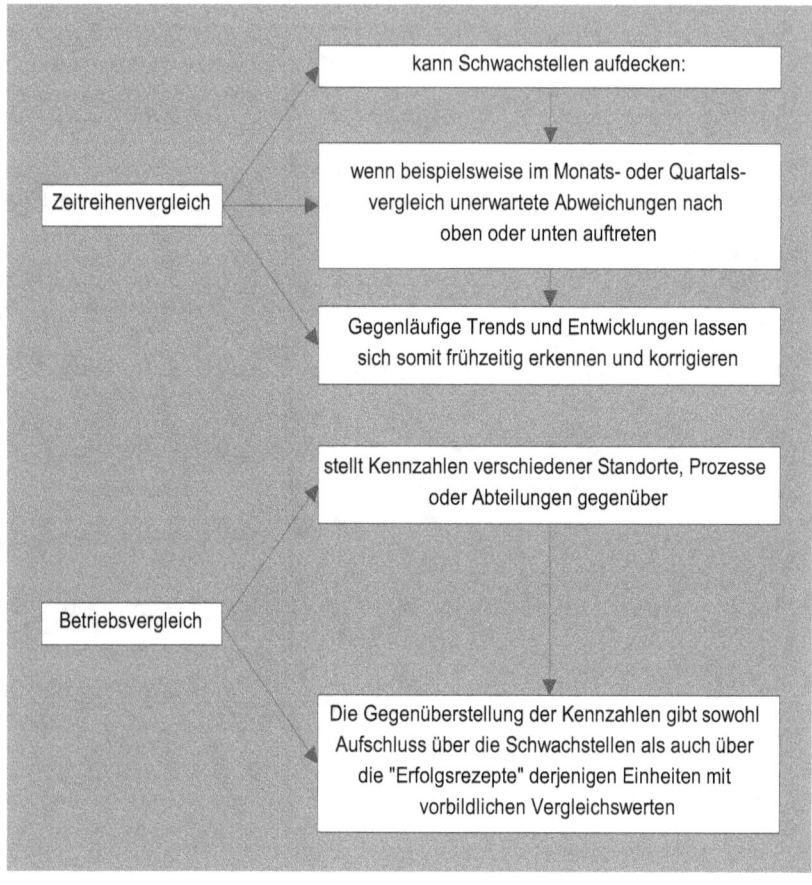

Umweltkennzahlen können sich auf unterschiedliche Bereiche beziehen und Angaben sowohl zu für das ganze Unternehmen als auch zu einzelnen Prozessen oder Abteilungen liefern. Im Normalfall werden Umweltkennzahlen mengenbezogen gebildet, d.h. in Einheiten wie Kilogramm, Tonnen, Stück etc. Ergänzend hierzu sollten Sie auch kostenbezogenen Kennzahlen entwickeln, um auch die Kostenaspekte im Umweltschutz abbilden zu können. Mit Umweltkostenkennzahlen können Sie umweltrelevante Gesichtspunkte in Kosten und Erträge -die Sprache des Managements- übersetzen. So ist es anschaulicher, anstatt 400 Kubikmeter Sondermüll ertragsrelevant zu analysieren, dieselbe Menge mit Entsorgungskosten von beispielsweise 280.000 € darzustellen. Es geht darum, die umweltbezogenen Leistungen eines Unternehmens mess- und -nachvollziehbar zu machen. Umweltkennzahlen sind ein immer wichtigeres Instrument sowohl für die Verringerung der Umweltbelastungen als auch für die Kommunikation mit externen Anspruchsgruppen:

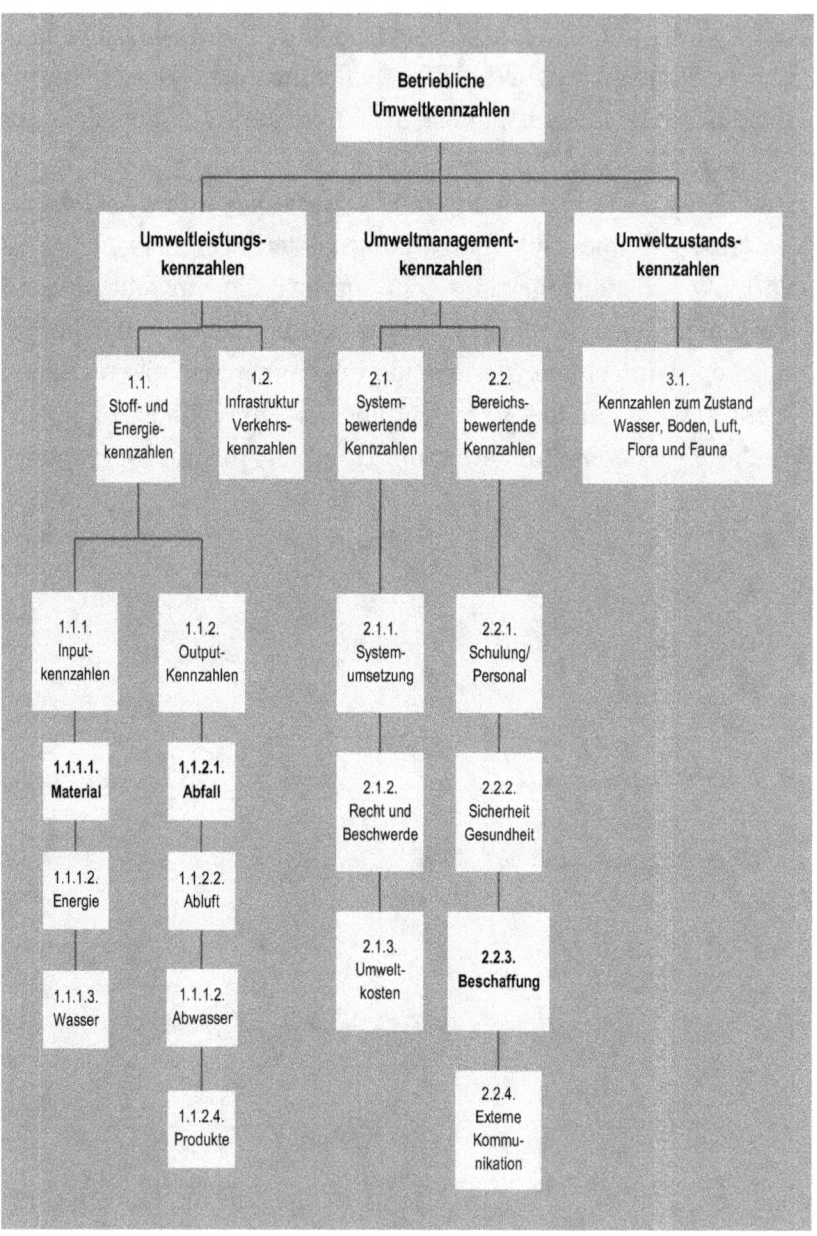

Prognose und zielgerichtetes Handeln im strategischen Gleichgewicht - trotz des Blicks auf ein verkürztes Zukunftsbild braucht es nach wie vor optimierte Entscheidungen: auch wo sich das Umfeld als prinzipiell unvorhersagbar präsentiert, muss Zukunft gestaltet werden

Die Horizonte verlässlicher Prognosen haben sich mit der Zeit verkürzt, zu turbulent ist das Geschehen. Dabei ist schnelles Handeln nicht immer und jederzeit die beste Antwort auf neue Verhältnisse. Denn in einem turbulenten Umfeld sind es manchmal gerade die schnellen Entschlüsse, die sich im nachhinein als übereilt und womöglich irreversibel erweisen. Eine nachhaltige strategische Planung muss auch mit plötzlich auftauchenden Irritationen fertig werden. Ansonsten besteht die Gefahr, durch abrupten Kurswechsel das strategische Gleichgewicht zu stören. Ein guter strategischer Plan kommt nicht allein mit quantitativen Informationen aus, gebraucht werden ebenso die qualitativen Informationen. Schwierig, d.h. komplex wird es vor allem durch Vernetzung von ökonomischen, sozialen und informationstechnischen Zusammenhängen. Komplexität entspricht einem Zustand, „der sich in ständiger Veränderung auf das Ganze bezieht und es nach eigenen Kriterien prägt. Erst durch den Einsatz abbildungsstarker Instrumente und Modelle (wie beispielsweise einer Wissensbilanz) lassen sich die Herausforderungen solcher Komplexität nachhaltig meistern. Denn die Angst vor Komplexität erzeugt oft Gefühle der der Unsicherheit (und damit einhergehend Gefühle von Ohnmacht und Unkontrollierbarkeit).

Projektorientierte Kapitalbedarfsplanung: umfangreiche Projekte zeichnen sich durch u.a. hohen Organisationsaufwand, eine ggf. über mehrere Rechnungsperioden hinweg andauernde Laufzeit oder durch hohen Vorfinanzierungsbedarf aus. Unter Finanzbedarf fällt unabhängig von der Deckung jede Art der Verpflichtung zur Zahlung. Der Kapitalbedarf errechnet sich als Saldo des Finanzbedarfs mit den Einzahlungen. Als Planungsinstrument wird der Projektablaufplan herangezogen, in dem die zeitliche Struktur des Projektes abzubilden ist. Nach Möglichkeit sollten bei der Aufstellung des Projektablaufplanes auch zeitliche Interdependenzen zwischen einzelnen Planungsschritten berücksichtigt werden. Zeitkritische Vorgänge, deren Verzögerung sich unmittelbar auf den Endtermin auswirken würde sollten ebenso festgestellt werden wie Schritte, in denen Pufferzeiten vorhanden sind. Allen Schritten des Projektablaufplans können dann auszahlungsrelevante Positionen zugeordnet werden:

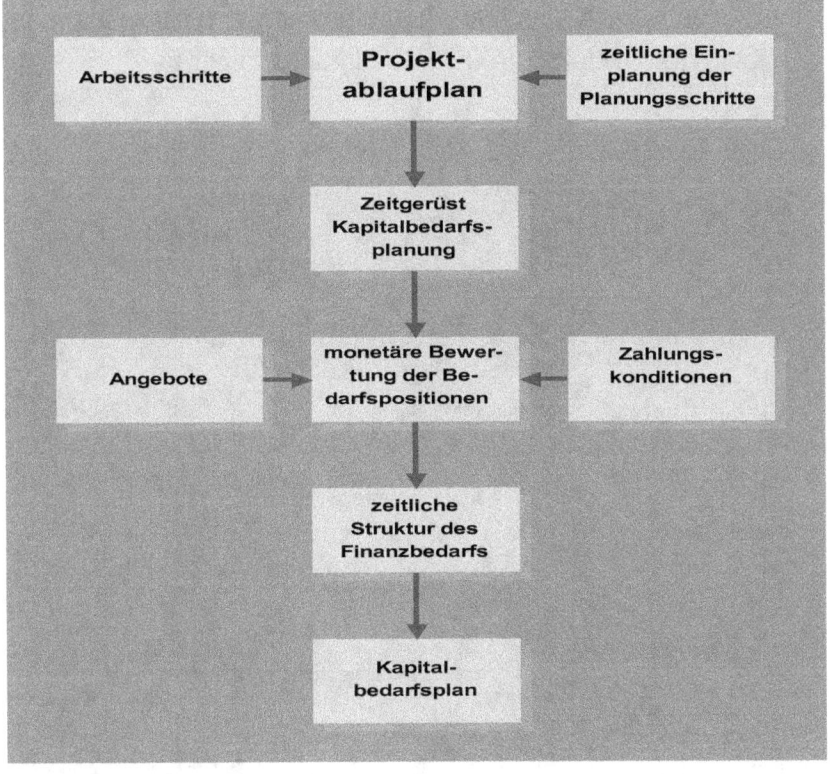

Was ist es aber, was eine Situation komplex macht oder sie so zumindest empfinden lässt? Komplex ist etwas vor allem dann, wenn es unüberschaubar, vernetzt, eigendynamisch, undurchsichtig, wahrscheinlichkeitsabhängig oder einfach nur instabil ist. In Situationen, in denen viele Einflussfaktoren miteinander vernetzt sind, muss stets damit gerechnet werden, dass Handlungen jenseits der beabsichtigten Wirkungen noch weitere Konsequenzen haben können, die sich zur ursprünglich verfolgten Absicht auch durchaus kontraproduktiv verhalten können (Nebenwirkungen, Spätfolgen, Rückkoppelungen).

Abbildung der zeitlichen Struktur von Projekten:

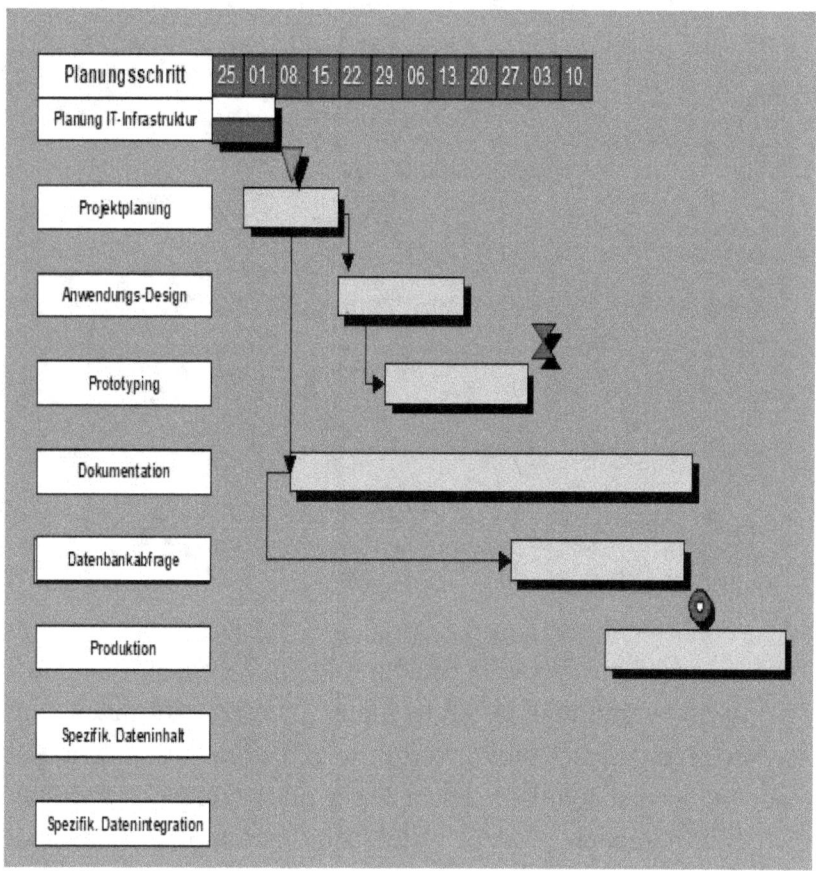

Finanzbedarf - auszahlungsrelevante Posten: hierbei finden zunächst nur die variablen Projektkosten, d.h. nur direkt durch das Projekt hervorgerufene Zahlungsströme, Berücksichtigung. Lohnzahlungen werden, falls sich das Projekt nicht unmittelbar auf den Personalbestand auswirkt, zunächst nicht mit aufgenommen. Kurzfristig von außen zugekaufte Fremdleistungen oder Manpower-Stunden sind jedoch zu erfassen. Je nach geplanter Deckung des Kapitalbedarfs können die in nachfolgender Tabelle angegebenen Zahlungsströme um Fremdkapitalzinsen und Tilgungszahlungen ergänzt werden.

Abstraktion der Realität zu einem Modell mit einem Szenario von rivalisierenden Ereignispfaden: wer ein Risiko, dem er ausgesetzt ist, fassen und bewerten will, muss sich auch mit dem Zeitraum auseinandersetzen, in dem das Risiko, das man kontrollieren will, wirksam ist. Will beispielsweise jemand Geld anlegen, so ist der Zeithorizont eines Berufsanfängers in der Regel weiter als der eines Rentners, der seinen Beruf bereits hinter sich gelassen hat (der Berufsanfänger kann Verluste eher verschmerzen bzw. darauf hoffen, dass ihm genug Zeit verbleibt, sie durch spätere Gewinne wieder wettmachen zu können). D.h.: der persönliche Zeithorizont hängt von den (Lebens-)umständen ab und kann sich im Laufe eines Lebens mehrfach ändern. Noch komplizierter wird die Sache dadurch, dass viele Menschen sich im Laufe ihres Lebens an verschiedenen Zeithorizonten orientieren. Oder auch: zu einem beliebigen Zeitpunkt gleichzeitig mehrere unterschiedliche Zeithorizonte haben. Sollen Fehlentscheidungen möglichst vermieden werden, kann man den Zeitaspekt eines Risikos nicht sorgsam genug überlegen.

Risiken, die man zuverlässig quantifizieren kann unterscheiden sich noch von Unsicherheiten (der Unfähigkeit sicher zu wissen, was in der Zukunft passieren wird). Wobei man bei der Entwicklung von Szenarien (miteinander verknüpfte Beobachtungen über den zukünftigen Zustand der Welt) angelangt wäre. Szenarien sind also quasi "rivalisierende Ereignispfade". Im Grunde genommen sind sie (als Vorstellung, was möglicherweise in der Zukunft passieren wird) ein Bestandteil des täglichen Lebens. In Computermodelle sind es diese „Was-wäre-wenn"-Simulationen.

Jeder wird wahrscheinlich die für die Entwicklung eines Szenarios benötigten Variablen anders benennen und mit Sicherheit auch anders gewichten. Szenarien bieten eine Grundlage für die Ableitung möglicher Resultate für die Zukunft. Die Einschätzung des jeweiligen Ergebnisses schwankt mit den für ein Eintreffen unterlegten Wahrscheinlichkeiten. Wer nur ein einziges Szenario entwirft, wettet mit seinem gesamten Einsatz auf ein einziges Ergebnis und verhält sich im Grunde genommen so, als würde er mit Sicherheit wissen, was ihm die Zukunft bringt. Um eine große Bandbreite von Möglichkeiten abzudecken, muss man üblicherweise also viele Szenarien entwerfen.

Werden die Planrechnungen der Einzelprojekte zu einem Gesamtplan zusammengefasst, können auch die Überschüsse an liquiden Mitteln bereits abgeschlossener Projekte für die Finanzierung neuer Projekte herangezogen werden. Die Planung erfasst die Monate 1-12 sowie jeweils die beiden Monate des Folge- und Nachfolgejahres:

	Ausweitung Kapitalbedarfsplan auf Gesamtunternehmen														
	11	12	1	2	3	4	5	6	7	8	9	10	11	12	1	2
Projekt 1	5,8	1,7	0,0	12,0	14,5	8,3	12,0	4,0	-3,5	-10,0	-12,0	-14,0	-15,0	-15,0	-15,0	-15,0
kumuliert	5,8	7,5	7,5	19,5	34,0	42,3	54,3	58,3	54,8	44,8	32,8	18,8	3,8	-11,2	-26,2	-41,2
Projekt 2	12,0	6,0	3,0	-12,0	-16,0	-18,5	-18,5	-18,5	-18,5	-18,5	-16,0	-12,0	-10,0	-2,0	-2,0	-2,0
kumuliert	12,0	18,0	21,0	9,0	-7,0	-25,5	-44,0	-62,5	-81,0	-99,5	-115,5	-127,5	-137,5	-139,5	-141,5	-143,5
Projekt 3	-4,0	-4,0	-4,0	0,0	0,0	0,0	0,0	0,0	0,0	0,0	0,0	0,0	0,0	0,0	0,0	0,0
kumuliert	-4,0	-8,0	-12,0	-12,0	-12,0	-12,0	-12,0	-12,0	-12,0	-12,0	-12,0	-12,0	-12,0	-12,0	-12,0	-12,0
Projekt 4	0,0	0,0	12,0	20,0	25,0	30,0	50,0	50,0	25,0	35,0	25,0	20,0	10,0	25,0	25,0	25,0
kumuliert	0,0	0,0	12,0	32,0	57,0	87,0	137,0	187,0	212,0	247,0	272,0	292,0	302,0	327,0	352,0	377,0
Projekt 5	12,0	12,0	15,0	18,0	5,0	6,0	6,0	6,0	-10,0	-15,0	-15,0	-15,0	-15,0	-15,0	-15,0	-15,0
kumuliert	12,0	24,0	39,0	57,0	62,0	68,0	74,0	80,0	70,0	55,0	40,0	25,0	10,0	-5,0	-20,0	-35,0
Projekte GESAMT	25,8	15,7	26,0	38,0	28,5	25,8	49,5	41,5	-7,0	-8,5	-18,0	-21,0	-30,0	-7,0	-7,0	-7,0
kumuliert	25,8	41,5	67,5	105,5	134,0	159,8	209,3	250,8	243,8	235,3	217,3	196,3	166,3	159,3	152,3	145,3

Szenarien sind zwar kein Allheilmittel, können aber geeignete Instrumente zur Reduzierung von Unsicherheit sein. Da für die Zukunft nicht ausgeschlossen werden kann, dass bestimmte Ereignisse sämtliche bei der Erarbeitung von Szenarien getroffenen Annahmen auf den Kopf stellen, sollte man sich auch vor unangenehmen Szenarien nicht scheuen. Mit Risiken kann man nur angemessen umgehen (d.h. Risikomanagement betreiben), wenn sie über eine möglichst große Bandbreite von potenziellen Szenarien hin analysiert werden. Schwierigkeiten kann unter Umständen die Definition der „richtigen" Risikovariablen bereiten. Es geht dabei um nicht weniger als um die Abstraktion der Realität zu einem Modell der Welt. Eben weil jene Welt aber sehr komplex ist, wäre jeder Versuch, sie in all ihrer Vielfalt in einem Modell abzubilden, von Beginn an zum Scheitern verurteilt. Denn man müsste für eine unendliche Zahl von Variablen wissen, wie jede von ihnen auf alle anderen einwirkt. Und weiter: wie alle diese Interdependenzen das Gesamtsystem (-szenario) beeinflussen. Um einigermaßen praktikabel vorzugehen besteht der Trick darin, die wichtigsten Variablen zu identifizieren (die wenigen Variablen, die 90 Prozent des Gesamtergebnisses bestimmen) und alle anderen (zu vernachlässigenden) Variablen unter den Tisch fallen zu lassen. Hört sich zwar leicht an, ist in der Praxis aber nur mit viel Erfahrung und Kompetenz umzusetzen.

Zeitstruktur des Finanzbedarfs aller Projekte:

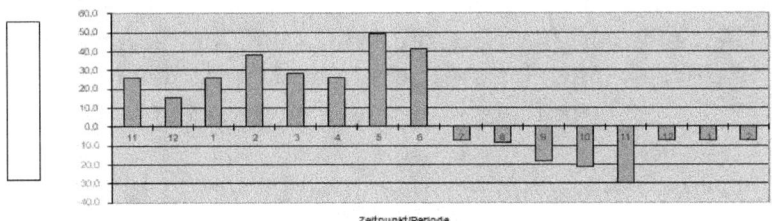

Kumulierter Finanzbedarf aller Projekte:

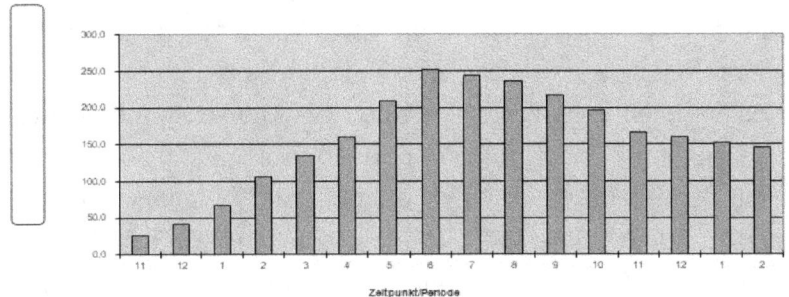

Viele Systeme (beispielsweise das der Ökologie) funktionieren nur so lange, so lang sie in einem dynamischen Gleichgewicht (welches auf Zyklen und kontinuierlichen Schwankungen beruht) gehalten werden - der In- und Output der Stoff- und Energieströme

Rationales Denken und intuitives Wissen: Wandel ist ein ständiges Fließen von Umgestaltung und ist nicht die Folge irgendeiner Kraft, sondern eine nahezu natürliche Tendenz, die allen Dingen und Situationen schon von Vornherein innezuwohnen scheint. Genauso wie das Rationale und das Intuitive komplementäre, sich ergänzenden Formen des Denkens sind. Rationales Denken ist linear, fokussiert, analytisch. „Es gehört zum Bereich des Intellekts, der die Funktion hat, zu unterscheiden, zu messen, zu kategorisieren. Dementsprechend tendiert rationales Denken zur Zersplitterung. Intuitives Wissen dagegen beruht auf unmittelbarer, nichtintellektueller Erfahrung der Wirklichkeit, die in einem Zustand erweiterten Bewusstseins entsteht". Es ist ganzheitlich, nichtlinear und strebt nach Synthese.

Viele Probleme haben ihre Ursache darin, dass sich das Ausbalancieren zwischen Denken und Fühlen, Wertvorstellungen und Verhaltensweisen nicht (mehr) im Gleichgewicht befindet. Die heutige Zeit gilt als das von rationalem Denken beherrschte Wissenschaftliche Zeitalter. Rationalität gilt als das Maß aller Dinge, ein intuitives Wissen (das genauso zuverlässig und gültig sein kann) wird eher abschätzig bewertet. Die mechanistische Sicht der Welt bildet die Grundlage des Alltags, Robotisierung und Industrie 4.0 sind allseits bekannte Ausdrucksformen hiervon. Viele Systeme (beispielsweise das der Ökologie) funktionieren nur so lange, so lang sie in einem dynamischen Gleichgewicht (welches auf Zyklen und kontinuierlichen Schwankungen beruht) gehalten werden. Genauso wenig wie aus einer guten Sache nicht automatisch eine bessere wird, wenn man ihr noch mehr Gutes hinzufügt, genauso wenig wird unbegrenztes wirtschaftliches und technologisches Wachstum über alle Zeiten hinweg als rein lineares Geschehen möglich sein. Zwar können Menschen eine sanfte Landung von Raumsonden auf fernen Planeten, Kometen oder Asteroiden bewerkstelligen, sind aber trotzdem nicht einmal dazu in der Lage, die Ausstoß von giftigen Schadstoffen abzustellen.

Für eine Systemtheorie sind alle Phänomene miteinander verbunden und voneinander abhängig. Man hat ein integriertes Ganzes vor sich, wenn dessen Eigenschaften nicht mehr auf die seiner Teile reduziert werden können. Man könnte meinen, komplexe dadurch verstehen zu können, wenn man sie auf ihre Grundbausteine reduziert und nach dem Mechanismus sucht, der diese Einzelteile zusammenwirken lässt. Diese Denkweise der Reduktion ist zwar in vielen Lösungsansätzen fest verankert, muss aber nicht zwangsläufig zum Erfolg führen.

Falls ein Unternehmen noch kein ausgebautes Umweltmanagement besitzt oder auch nicht anstrebt, wäre das Erstellen einer Input-Output-Analyse ein geeigneter Ausgangspunkt zur Ableitung von Kennzahlen. Vorgehensweise bei der Bildung von Umweltkennzahlen:

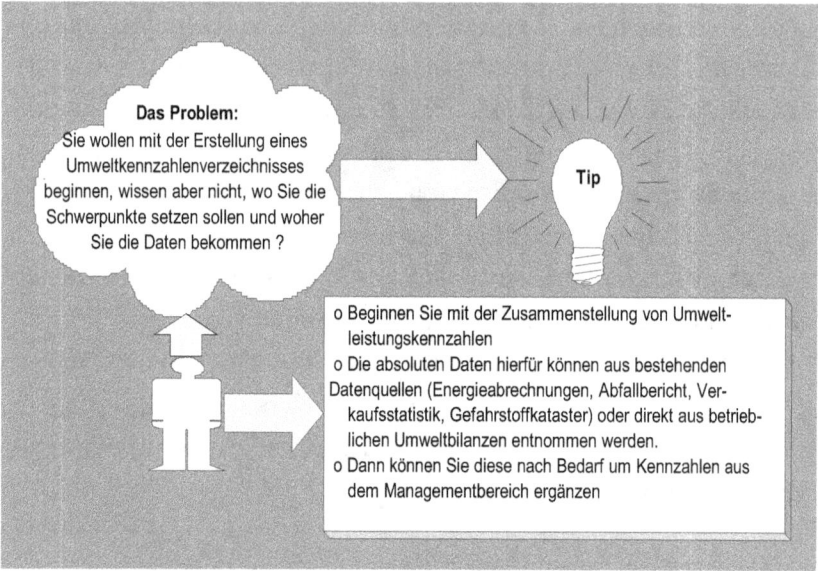

Im ersten Schritt sollten zunächst alle umweltrelevanten Aspekte der Geschäftstätigkeit ermittelt und dabei auf zu setzende Schwerpunkte geachtet werden. Wichtig ist, dabei das Prinzip der Zielorientierung im Auge zu behalten und Kennzahlen nur in solchen Bereichen abzuleiten, die für den Betrieb direkten Einfluss auf Verbesserungen bieten. Zunächst sollte man versuchen, diejenigen Sachverhalte zu erfassen, die wahrscheinlich deutlich erkennbare Auswirkungen auf die Umwelt haben können. Bei der Auswahl der Umweltkennzahlen sollte darauf geachtet werden, dass die Umweltsituation des Unternehmens möglichst adäquat abgebildet werden kann. Beispiel Umweltbilanz mittelständisches Textilunternehmen (Quelle Umweltbundesamt):

INPUT		OUTPUT	
1. Umlaufgüter (kg)	2.191.381	1. Produkte (kg)	1.954.244
1.1. Rohstoffe	—	1.1. Beinbekleidung	1.100.066
1.2. Halb- und Fertigwaren	1.133.256	1.2. Oberbekleidung	—
1.3. Hilfsstoffe	950.116	1.3. Transportverpackung	268.005
1.3.1. Farbstoffe	26.110	1.4. Produktverpackung	586.173
1.3.2. Chemikalien	230.920	2. Abfall (kg)	215.454
1.3.3. Produktverpackung	691.740	2.1. Sonderabfall	—
1.3.4. Produktzutaten	1.346	2.2. Wertstoffe	155.774
1.4. Betriebsstoffe	108.009	2.3. Restmüll	59.680
1.4.1. Öle/Fette	586	3. Energieabgabe (kWh)	12.226.744
1.4.2. Transportverpackung	307.423	3.1. Abwärme Wasser	4.512.672
2. Energie (kWh)	12.226.744	3.2. Abwärme Luft	7.714.072
2.1. Gas	8.015.974	4. Abwasser (kg)	49.529.383
2.2. Strom	2.649.340	4.1. Wasser	49.322.400
2.3. Heizöl EL	1.561.430	4.2. Farben	5.733
3. Wasser (kg)	61.653.000	4.3. Chemikalien	201.120
3.1. Stadtwasser	61.653.000	5. Abluft (kg)	14.342.300
3.2. Rohwasser	—	5.1. NOx	2.002
		5.2. SO$_2$	531
		5.3. CO$_2$	2.009.167
		5.4. Wasserdampf	12.330.600

Kennzahlenkatalog Material: für die Bildung von Materialkennzahlen sollten die wichtigsten im Betrieb eingehenden Roh-, Hilfs- und Betriebsstoffe erfasst werden. Als Strukturierungshilfe kann man hierfür einen Input-Output-Kontenrahmen -ähnlich o.a. Umweltbilanz- aufstellen. Dabei entspricht jedem eingehenden Stoff ein Hauptkonto, das sich wiederum in umweltrelevante Unterkonten gliedert. Um Einsatzmengen vergleichen zu können sollten die Materialverbräuche einheitlich in Kilogramm oder Tonnen erfasst werden. Falls bestimmte Daten nur in

Stück- oder Volumeneinheiten vorliegen, kann man über das Auswiegen repräsentativer Artikel Umrechnungsfaktoren für die Darstellung in Kilogramm oder Tonnen bilden. Material-/Abfall-Kennzahlen:

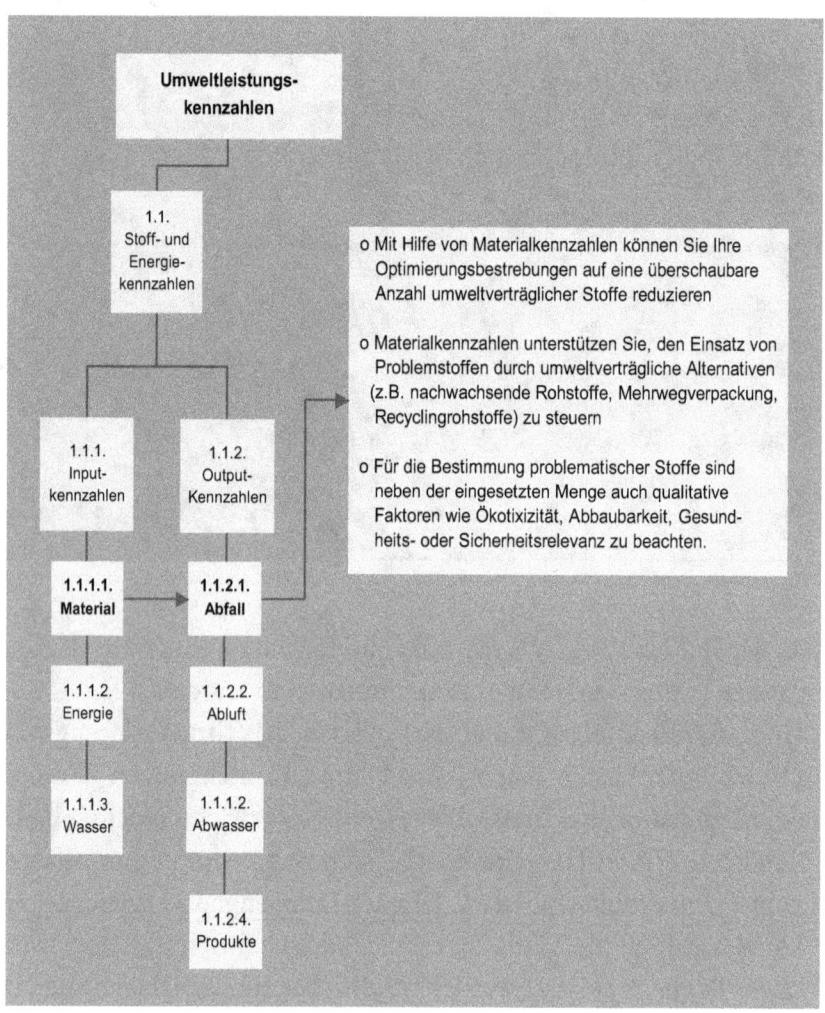

Mit Hilfe von Materialkennzahlen kann man Optimierungsbestrebungen auf eine überschaubare Anzahl umweltverträglicher Stoffe reduzieren. Materialkennzahlen dienen auch dazu, den Einsatz von Problemstoffen durch umweltverträgliche Alternativen (z.B. nachwachsende Rohstoffe, Mehrwegverpackungen, Recyclingrohstoffe) zu steuern. Für die Bestimmung problematischer Stoffe sind neben der eingesetzten Menge auch qualitative Faktoren wie Ökotoxizität, Abbaubarkeit, Gesundheits- oder Sicherheitsrelevanz zu beachten. Kennzahlenkatalog Material:

Kennzahl		Einheit
Materialverbrauch gesamt	absolut in t	t
Rohstoffeffizienz	$\dfrac{\text{Rohstoffeinsatz in t}}{\text{PM in t}}$	%
Verpackungsmenge gesamt	absolut in t	t
Verpackungsanteil am Produkt	$\dfrac{\text{Verpackungsmenge in t}}{\text{PM in t}}$	%
Anteil Mehrwegverpackungen	$\dfrac{\text{Mehrwegverpackung in t}}{\text{Verpackung gesamt in t}}$	%
Artikelvielfalt Gefahrstoffe	Anzahl	Stück
Anteil nachwachsender Rohstoffe	$\dfrac{\text{Menge nachwachsender Rohst. in t}}{\text{Materialverbrauch in t}}$	%
Umweltrelevante Problemstoffe	absolut in kg	kg
Umweltverträgliche Alternativstoffe	absolut in kg	kg
Materialkosten	absolut in €	€
Verpackungskosten	absolut in €	€
Spezifische Verpackungskosten	$\dfrac{\text{Verpackungskosten in €}}{\text{PM in t}}$	€/PE

Das Gesetz der großen Zahlen und Finanzkonzepte als notwendige Strategie zur jederzeitigen Sicherung einer optimalen Finanzierung

Das Gesetz der großen Zahlen begegnet uns auf Schritt und Tritt. Der Grundgedanke: erst anhand einer großen Zahl von Fällen kann man typische Regelmäßigkeiten erkennen, die an einer kleinen Zahl von Fällen so noch nicht sichtbar wären. Also auch so etwas wie eine Eigentümlichkeit des Zufalls, der nämlich bei einer großen Zahl von Fällen (mehr oder weniger durchgreifend) ausgeschaltet wird. Bereits der französischen Mathematiker Laplace (1749 – 1827) hatte an einem Beispiel solche Gesetzmäßigkeiten abzuleiten versucht: in einer Urne werden weiße und schwarze Kugeln (gleicher Größe und Beschaffenheit) im Verhältnis 1:1 gemischt. Dann wenn dann rein zufällig Kugeln herausgezogen werden (jede gezogene Kugel wird dabei sofort wieder zurückgelegt und der ganze Inhalt wieder neu gemischt), könnte man bei einer einzigen Ziehung ebenso gut eine schwarze wie eine weißte Kugel erwischen, d.h. die Wahrscheinlichkeit für schwarz oder weiß wäre jeweils genau ½.

Bei beispielsweise 10 Ziehungen könnte man nach dieser Relation als wahrscheinlichstes Ergebnis also 5 weiße und 5 schwarze Kugeln erwarten, wäre aber nicht erstaunt, wenn das Ergebnis 6 : 4 oder 7 : 3 wäre. Würde man aber genauso selbstverständlich nicken, wenn das Verhältnis 9 : 1 oder gar 10 : 0 wäre, also (rein zufällig?) nur weiße oder nur schwarze Kugeln gezogen würden? Obwohl ein solches Ergebnis durchaus nicht unmöglich ist, würden wir es rein intuitiv eher als unwahrscheinlich betrachten und nach anderen Ursachen suchen (z.B. ungleiches Mischen, ungleiche Kugeln und so weiter). Nach dem Gesetz der großen Zahl darf man nun aber mit Recht erwarten, dass sich das Verhältnis 1 : 1 umso genauer einstellen wird, je mehr Ziehungen (d.h. nicht 10, sondern 1.000 oder 10.000) man vornimmt. Dem Idealwert (1 : 1) kann man sich durch Vergrößerung der Zahl der Fälle beliebig nähern, ohne ihn jemals mit Sicherheit ganz zu erreichen. Der Spielraum, den ein empirischer Wert mit einer bestimmten Wahrscheinlichkeit annehmen wird, wird umso kleiner, je größer die Zahl der Fälle wird. „Er nimmt aber nicht mit der Zahl der Fälle selbst ab, sondern mit ihrer Quadratwurzel. Ich erhalte also bei einer Vervierfachung der Zahl der Fälle (z.B. Ziehungen) nur eine Verdoppelung der Genauigkeit. Dass sich nicht immer haarscharf dasselbe Ergebnis einstellt, dass bei nur wenigen Ziehungen sogar sehr starke Abweichungen auftreten können, hängt mit wechselnden „zufälligen" Ereignissen zusammen. Im Ziehungsbeispiel der schwarzen und weißen Kugeln davon, wie der Ziehende „zufällig" in die Urne greift, weiße Kugeln nach der Mischung „zufällig" nach oben zu liegen kommen und so weiter. Der Zufall beruht auf Zusammenhängen, deren Verkettung für den Einzelnen undurchsichtig ist, d.h. solche Einflüsse können das ursprüngliche Geschehen gewissermaßen überlagern.

Eine Finanzplanung kann nur dann den Forderungen an eine gute Finanzierung gerecht werden, wenn sie neben der Zusammenstellung von finanziellen Anforderungen auch Möglichkeiten zu einer Bedarfslenkung beinhaltet, also beispielsweise Begrenzung oder zeitliche Verteilung von Investitionen, Beschaffungs- und Lagervolumen, Mindestumsatz und evtl. Maximalumsatz (wegen Vorfinanzierung), Umfang und Zeitpunkt von Desinvestitionen. Kapitalausstattung, Kapitalbedarf, Wettbewerbsverhältnisse, Ertragslage, Einschätzung der Kreditwürdigkeit durch Außenstehende oder die finanzielle Abhängigkeit von Abnehmern ändern sich ständig. Das betriebliche Finanzkonzept ist als eine Strategie zur jederzeitigen Sicherung einer optimalen Finanzierung zu verstehen. Hierbei wird Wissen zu folgenden Fragen benötigt, beispielsweise: Wie ist die Liquiditätsentwicklung im Verlauf des Jahres? Mit welcher Ertragssituation kann gerechnet werden? Wann und in welcher Höhe ist mit einem Liquiditätsüberschuss oder einem Kreditbedarf zu rechnen? Welche Anlagemöglichkeiten gibt es für Liquiditätsüberschüsse, um die besten Erträge zu erzielen? Welche Finanzierungsmöglichkeit deckt einen ggf. auftretenden Kreditbedarf jeweils am günstigsten? Reichen die vereinbarten Kreditlinien oder sollten sie für eine bestimmte Zeit erhöht werden? Wann sollten disponierbare Ausgaben für Investitionen, spezielle Einkäufe und andere Zahlungsverpflichtungen vorgesehen werden, um eine gute Abstimmung der finanziellen Lage zu erreichen? Wie entwickeln sich Gewinn und Eigenmittel?

Rentabilität und Überrendite: Vorteilhaftigkeitskriterium ist bei diesem Rechenverfahren die Rentabilität der analysierten Projekte. Die Rentabilität wird aus dem Verhältnis von Periodengewinn zu eingesetztem Kapital errechnet:

$$\text{Durchschnittl. Rendite p.a.} = \frac{\text{Durchschnittl. kalkulat. Gewinn} \times 100}{\text{Durchschnittl. Gesamtkapitalbindung}}$$

Mit dieser Renditeformel lässt sich ermitteln, welche Rendite das durchschnittlich gebundene Gesamtkapital über die Verzinsung des Fremdkapitals und die kalkulatorische Verzinsung des Eigenkapitals hinaus erzielt. Ein Projekt ist dann vorteilhaft, wenn die durchschnittliche Überrendite > 0 ist, bei mehreren Projekten ist dasjenige mit der höchsten Überrendite am vorteilhaftesten:

	Projekt A	Projekt B
Durchschnittl. kalkulatorischer Gewinn	13.800	17.200
Durchschnittl. gebundenes Kapital	172.000	188.000
Berechnung der durchschnittlichen Überrendite:	8,02%	9,15%

Eigenkapital- und Gesamtkapitalrendite: Zusätzlich zur Überrendite können ergänzend Kennziffern für die Eigenkapital- sowie die Gesamtkapitalverzinsung berechnet werden:

$$\text{Durchschnittl. Eigenkapitalrendite (\%)} = \frac{\text{Durchschnittl. kalk. Gewinn} \times 100}{\text{Durchschnittl. gebundenes Eigenkapital}}$$

$$\text{Durchschnittl. Gesamtkapitalrendite(\%)} = \frac{\text{Durchschnittl. Kapitalgewinn} \times 100}{\text{Durchschnittl. gebundenes Gesamtkapital (Eigen- + Fremdkapital)}}$$

Das durchschnittlich gebundene Gesamtkapital in der Renditeformel wird als einfaches arithmetisches Mittel zwischen der Kapitalbindung am Anfang der 1. Nutzungsdauerperiode und der Kapitalbindung am Anfang der letzten Nutzungsdauerperiode ermittelt. Aus Vereinfachungsgründen wird zusätzlich die Annahme einer über die Nutzungsdauer der Projekte gleichbleibenden Finanzierungsstruktur (Verhältnis Eigen- zu Fremdkapital, im Rechenbeispiel 40:60) getroffen:

	Projekt A	Projekt B
	€/p.a.	€/p.a.
Durchschnittl. kalkulatorischer Gewinn	13.800	17.200
Durchschnittl. Fremdkapitalzinsen	9.200	12.400
Durchschnittl. kalkulat. Eigenkapitalzinsen	6.800	7.900
Durchschnittl. Gesamtkapitalbindung	172.000	188.000
Finanzierung Fremdkapital in %	60	60
Errechnung durchschnittl. Eigenkapitalbindung:	68.800	75.200
Errechnung durchschnittl. Eigenkapitalrendite p.a.:	29,94%	33,38%
Errechnung durchschnittl. Gesamtkapitalrendite p.a.:	17,33%	19,95%

Die Verwendung sowohl der Eigen- als auch der Gesamtkapitalrendite führt in o.a. Rechenbeispiel zum gleichen Ergebnis wie die Überrendite-Berechnung: Projekt B ist am vorteilhaftesten. Während nach dem Kriterium „Überrendite" jedes Projekt mit einer Rendite größer oder gleich Null als vorteilhaft angesehen wird, gilt nach den Kriterien „Eigenkapitalrendite" und „Gesamtkapitalrendite" eine Projektalternative als wirtschaftlich, wenn sie ihre Rendite über der gewünschten Mindestverzinsung, beispielsweise 10 Prozent, liegt. Für den Fall von Rationalisierungsinvestitionen lässt sich die Formel für das Kriterium „Gesamtkapitalrendite" wie folgt abwandeln:

$$\text{Durchschnittl. Gesamtkapitalrendite der Ersatzinvestion} = \frac{\text{Durchschnittl. Kostenersparnis des neuen Verfahrens p.a.} \times 100}{\text{Durchschnittl. zusätzliche Kapitalbindung des neuen Verfahrens}}$$

Die in o.a. Rechenbeispielen statisch ermittelte Rentabilität ist nur eine grobe Schätzung für die interne Verzinsung von Projekten. Zu berücksichtigen ist ebenso, dass Renditevergleichsrechnungen immer nur die Relation von Größen wiedergeben, die absolute Höhe der Beträge jedoch unberücksichtigt lassen.

	Projekt A	Projekt B	Project C
	€ /p.a.	€/p.a.	€/p.a.
Durchschnittl. kalkulatorischer Gewinn	13.800	17.200	138.000
Durchschnittl. Fremdkapitalzinsen	9.200	12.400	92.000
Durchschnittl. kalkulat. Eigenkapitalzinsen	6.800	7.900	68.000
Durchschnittl. Gesamtkapitalbindung	172.000	188.000	1.720.000
Finanzierung Fremdkapital in %	60	60	60
Errechnung durchschnittl. Eigenkapitalbindung:	68.800	75.200	688.000
Errechnung durchschnittl. Eigenkapitalrendite p.a.:	29,94%	33,38%	29,94%
Errechnung durchschnittl. Gesamtkapitalrendite p.a.:	17,33%	19,95%	17,33%

In o.a. erweiterten Rechenbeispiel ergeben sich sowohl für Projekt A als auch für Projekt C gleiche Renditeergebnisse. Zu beachten ist aber, dass die Projekte stark voneinander abweichende durchschnittliche Kapitalbindungen aufweisen. Nach dem Entscheidungskriterium „maximale Rentabilität" müsste nach dem Rechenbeispiel für Projekt B entschieden werden. Dies könnte jedoch u.U. zu einer Fehlentscheidung führen, wenn nämlich das renditestärkste Projekt aufgrund des minderen Volumens einen geringeren absoluten Gewinn erbringt. Daraus folgt, dass ein Vergleich der Projekt-Vorteilhaftigkeit auf Basis der Renditevergleichsrechnung nur bei gleicher Kapitalbindung der Alternativen sinnvoll ist.

Lagerhaltung, Reststoffe, Abfälle: für den Bereich Lagerhaltung müssen neben Roh-, Hilfs- und Betriebsstoffen auch die Zwischenlagerung von Reststoffen und Abfällen berücksichtigt werden. Die quantitative Erfassung der einzelnen Stoffe sollte man im Anschluss an die Ermittlung der verschiedenen betrieblichen Lagerorte durchführen. Die mengenmäßige Erfassung der gelagerten Stoffe sollte sowohl Informationen über die jeweiligen Substanzen (Name des Stoffs laut Hersteller, Art des Stoffs mit chemischer Charakterisierung, maximal gelagerte Menge, verbrauchte Menge pro Jahr, Verwendungsbereich, Lagerort, Lieferant) als auch die Randbedingungen der jeweiligen Lagerung am Lagerort (Gebindematerial wie z.B. Metall/ Kunststoff/Glas, Gebindeart wie z.B. Fass/Kanister, Gebindevolumen wie z.B. 20 Liter/60 Liter, Kennzeichnung der Gebinde) enthalten. Lagerhaltung beim Materialfluss:

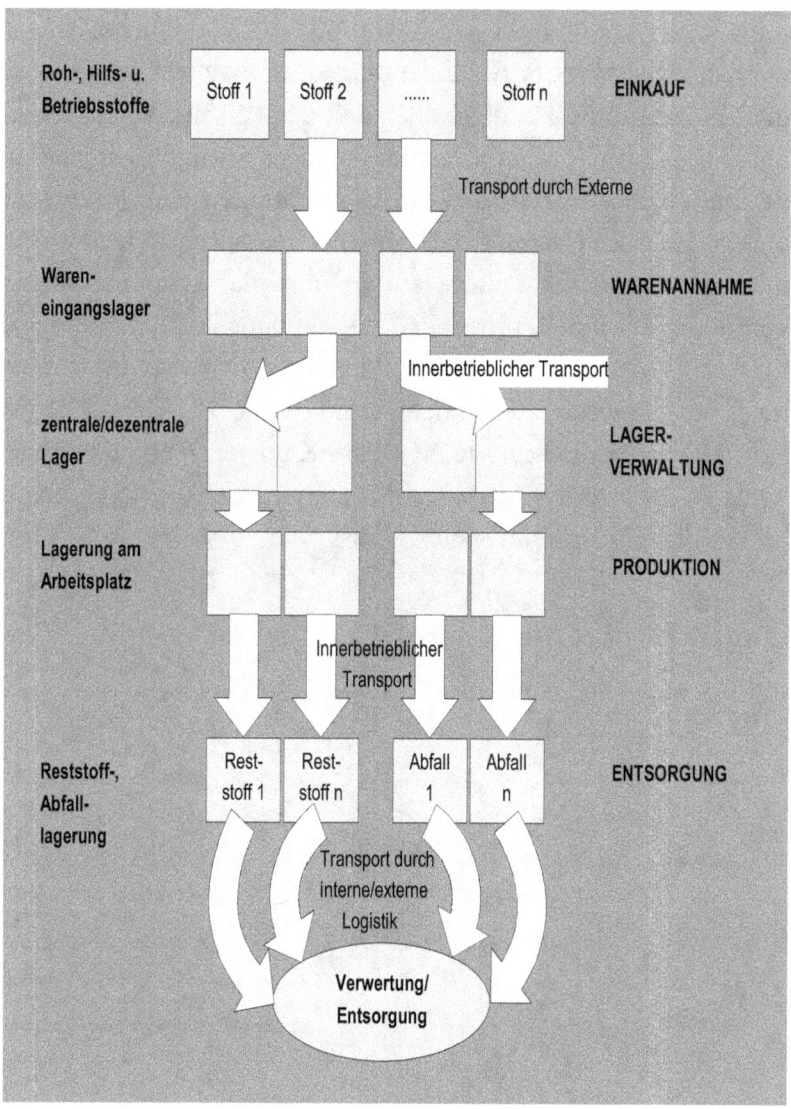

Schutzmaßnahmen, Gefährdungspotenzial: zusätzlich zu Mengen und Gebindearten sollten an den verschiedenen Lagerorten auch die vorhandenen Schutzmaßnahmen abgefragt werden, so beispielsweise: doppelwandige Behälterausführung, Auffangwanne, Bodenbeschichtung, persönliche Schutzausrüstung wie Schutzhandschuhe/ -brille, Feuerlöscher, Sprinkleranlage, Löschwasserrückhaltung oder Feuerschutztüren. Ebenso sollten Kriterien für die Bewertung von Gefahrstoffen erstellt werden. Je nachdem, welches Gefährdungspotential von gelagerten Stoffen (z.B. durch undichte Stellen, Tropf- und Schüttelverluste) für den Boden und das Grundwasser ausgehen, kann man eine Einstufung von Stoffen in unterschiedliche Wassergefährdungsklassen (WGK) vornehmen. Ebenso nennt die Gefahrstoffverordnung Kennzeichnungen für die Einstufung von Stoffen:

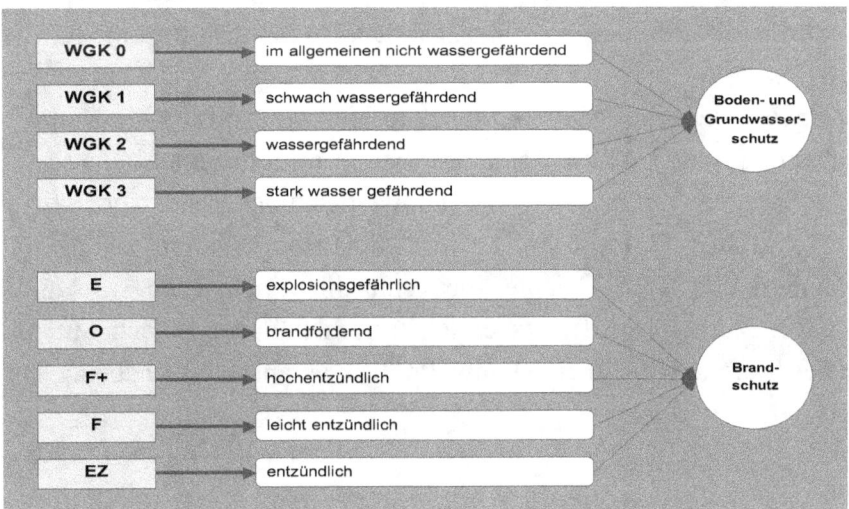

Systematisierung und Einstufung der Gefährdungsklassen Arbeitsschutz/ Toxizität:

Das Gefährdungspotenzial der im Lager vorhandenen Stoffe kann man durch Multiplikation der gelagerten Menge eines Stoffs mit dessen Bewertungsziffer auch quantitativ ermitteln.

Kennzahlenkatalog Beschaffung: in vielen Fällen hat die Handhabung des Umweltschutzes bei Vorproduzenten oder -lieferanten Einfluss auf die Umweltleistung eines Unternehmens. Dies gilt insbesondere für Montagebetriebe und Handelsunternehmen. Ein Beispiel für Kennzahlen, mit denen Sie Aussagen zum Beschaffungsbereich treffen können, ist der Anteil der Lieferanten, die eine Umweltpolitik verabschiedet haben.

Kennzahl		Einheit
Lieferanten mit Umweltpolitik	Anzahl	Anzahl
Anteil Lieferanten mit Umweltpolitik	Lieferanten mit Umweltpolitik / Lieferanten gesamt	%
Lieferanten mit Umweltmanagementsystem (EG-Öko-Audit-Verordnung, ISO 14001)	Anzahl	Anzahl
Anteil Lieferanten, mit denen man Umweltgespräche geführt hat	Anzahl geführter Umweltgespräche / Anzahl Lieferanten gesamt	%
Lieferantenbewertungen	Anzahl	Anzahl
Anteil Einkaufsvolumen mit Umweltbewertung der Lieferanten	Einkaufsvolumen mit Lieferantenbewertung in € / Einkaufsvolumen gesamt in €	%

Schritt für Schritt vorgehen: in vielen Fällen können nicht alle gewünschte Kennzahlen bereits im ersten Anlauf gebildet werden. Man sollte deshalb pragmatisch zunächst einmal von bereits im Unternehmen vorhandenen Daten ausgehen und diese dann sukzessive um neu zu erfassende Zahlen erweitern. In vielen Fällen reicht es dabei aus, dass man sich vorab auf eine Auswahl von Umweltleistungskennzahlen konzentriert. Die in dieser Weise ermittelten Umweltkennzahlen können einem Zeitreihenvergleich mit den Kennzahlen aus vorausgegangenen Perioden, Betriebsvergleich mit den Kennzahlen anderer Betriebe unterzogen werden. Solche Zeitreihen- oder Betriebsvergleiche ermöglichen dann auch wertvolle Hinweise auf Schwachstellen und Verbesserungspotentiale. Schrittweise Bildung von Umweltkennzahlen:

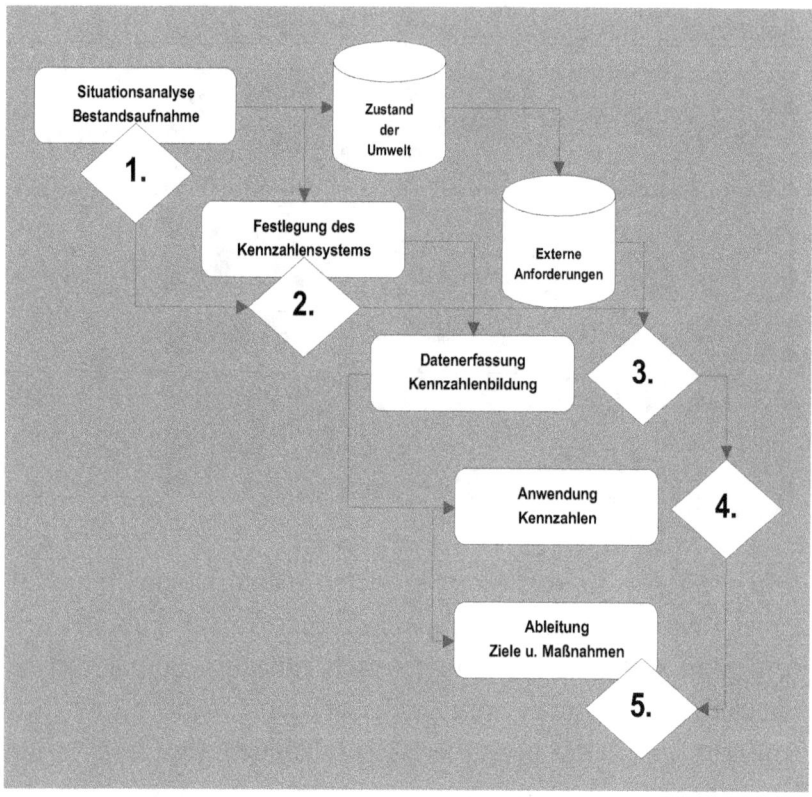

Umwelt-Checkliste Materialbeschaffung, Lagerhaltung:

	JA	NEIN
Bestehen Richtlinien über die Umweltverträglichkeit der zu beschaffenden Roh-, Hilfs- und Betriebsstoffe sowie der bezogenen Produkte? Wenn ja, welche? _____	☐	☐
Werden in der Beschaffung freiwillig Problemstoffe ersetzt bzw. nach bestehendem Gesetz vermieden?	☐	☐
freiwillig: _____ per Gesetz: _____	☐	
Berücksichtigen Sie bei Verhandlungen mit Ihren Lieferanten:		
o die Minimierung von Transportvorgängen?	☐ JA	☐ NEIN
o die Einführung von Mehrwegsystemen?	☐ JA	☐ NEIN
o den Ersatz von umweltbelastenden Teilen?	☐ JA	☐ NEIN
o die Rücknahme von gebrauchten Produkten?	☐ JA	☐ NEIN
o die Entsorgung der beschafften Produkte nach Beendigung der Lebensdauer	☐ JA	☐ NEIN
Prüfen Sie bestandssenkende Massnahmen (z.B. Just-in-time) auf Umweltverträglichkeikt?	☐ JA	☐ NEIN

Umwelt-Checkliste Lieferantenbeurteilung:

		JA	NEIN	Bemerkungen
1.	Ist der Lieferant nach anerkannten Umweltstandards (EMAS/ISO 14001) validiert/zertifiziert?	☐	☐	
2.	Bekennt sich der Lieferant in seinen Unternehmensgrundsätzen (z.B. Umweltpolitik) zu einer umweltgerechten Form des Wirtschaftens?	☐	☐	
3.	Stellt der Lieferant Informationen und Auskünfte über Stoff- und Produkteigenschaften zur Verfügung?	☐	☐	
4.	Berät der Lieferant zum Umweltaspekt seiner Produkte/Dienstleistungen?	☐	☐	
5.	Schlägt der Lieferant von sich aus ökologische Alternativen vor?	☐	☐	
6.	Reagiert der Lieferant aufgrund Nachfrage mit umweltgerechten Produkten?	☐	☐	
7.	Verwendet der Lieferant umweltgerechte Verpackungen (Mehrwegsysteme)?	☐	☐	
8.	Nimmt er Verpackungsmaterial zurück?	☐	☐	
9.	Nimmt er Altprodukte/teile zurück?	☐	☐	
10.	Ist der Lieferant bereit, die bei Ihnen geltenden Umweltgrundsätze zu befolgen und dies vertraglich zu fixieren?	☐	☐	

Rückgriff auf Informationen und Messwerte: Umweltleistungskennzahlen können in die Bereiche Stoff- und Energiekennzahlen sowie Infrastruktur- und Verkehrskennzahlen untergliedert werden. Umweltleistungskennzahlen ermöglichen somit die Beurteilung und Steuerung der Umweltauswirkungen. Umweltzustandskennzahlen liefern Informationen über die Umweltqualität in der Umgebung des Unternehmens, d.h. beispielsweise über die Wassergüte eines nahegelegenen Sees oder über die regionale Luftqualität. Hieraus können dann spezielle Umweltindikatoren sowie umweltpoltische Zielsetzungen und Prioritäten abgeleitet werden. Der Aufwand für eigene Erhebungen solcher Zustandskennzahlen rechnet sich meistens nur dann, wenn das Unternehmen selbst an seinem Standort der Hauptverursacher eines Umweltproblems ist (z.B. Lärmbelästigungen durch einen Flughafen, Wasserverschmutzung durch einen großen Direkteinleiter u.a.). In anderen Fällen ist häufig auch der Rückgriff auf Informationen und Messwerte der regionalen Behörden möglich, um deren direkte Auswirkungen auf regionaler Ebene kontrollieren und Entlastungen oder Verbesserungen aufzeigen zu können.

Aus Effizienzgründen sollte zuerst von bereits im Unternehmen vorhandenen Daten ausgegangen werden und diese dann sukzessive um neu zu erfassende Zahlen erweitert werden. Die größten ökologischen und ökonomischen Einsparungspotenziale liegen für kleine und mittelständische Unternehmen in einer zielgerichteten Auswahl von Umweltleistungskennzahlen. Die zusätzliche Erhebung von Umweltmanagementkennzahlen ist vor allem für größere Unternehmen geeignet, die damit indirekt ihre Umweltleistungen beeinflussen können. Die ermittelten Umweltkennzahlen können sowohl mit den Kennzahlen der Vorläuferperioden (Zeitreihenvergleich) als mit den Kennzahlen anderer Unternehmenseinheiten oder Betriebe (Betriebsvergleich) verglichen werden. Durch den Vergleich eigener Kennzahlen sowohl mit branchenzugehörigen als auch branchenfremden Unternehmen können eigene Stärken bzw. Schwächen erkannt und verdeutlicht werden (Benchmarking). D.h. Umweltkennzahlen sollen insbesondere auch für das Aufspüren von einsparungsträchtigen Outputs, d.h. für nach bestimmten Gewässerbelastungen zu unterscheidende Abwasser, nach Abfallfraktionen zu unterscheidende Abfälle oder nach bestimmten Schadstoffen zu unterscheidende Abluft eingesetzt werden. Dabei geht es darum, welche Stoff- und Energieströme die einzelnen Teilbetriebe jeweils verlassen, d.h. die wichtigsten Ziels sind Identifizierung der Hauptemissions- und Abfallquellen, Verringerung von Abfall Abluft/ Abwasser) strömen und -kosten, Optimierung der Produkt-Umwelteigenschaften sowie Reduzierung lokaler Umweltauswirkungen.

Checkliste Beschaffung Produkte, Teile, Gebrauchsgüter:

	JA	NEIN	Bemerkungen
1. Trägt der Artikel ein anerkanntes Umweltzeichen ?	☐	☐	
2. Trägt der Artikel ein anerkanntes Sicherheitszeichen ?	☐	☐	
3. Sind die Bestandteile/Grundstoffe des Artikels bekannt ?	☐	☐	
4. Ist der Artikel frei von Problemstoffen (z.B. PVC, Asbest, Schwermetalle) ?	☐	☐	
5. Ist der Artikel -soweit möglich- unter Verwendung nachwachsender Rohstoffe erstellt ?	☐	☐	
6. Ist der Artikel ggf. nachfüllbar ?	☐	☐	
7. Zeichnet sich der Artikel durch sparsamen Verbrauch aus ?	☐	☐	
8. Ist der Artikel recyclingfähig ?	☐	☐	
9. Wird der Artikel nach Gebrauch/Nutzung vom Lieferant zurückgenommen ?	☐	☐	
10. Ist der Artikel nach Gebrauch/Nutzung hinsichtlich Gefährdungspotential, Entsorgungsweg, Kosten der Entsorgung und Umweltverträglichkeit problemlos entsorgbar ?	☐	☐	

Benchmarks für die Umwelt: relative Gliederungs- oder Beziehungszahlen sagen nichts darüber aus, wie die Leistung im Vergleich zur Konkurrenz, zu anderen Werken oder Standorten zu bewerten ist, d.h. die Umwelt-Performance wird unabhängig von der Größe und Produktionsleistung des Unternehmens dargestellt. Durch den zwischenbetrieblichen Kennzahlenvergleich kann besser beurteilt werden, ob der jeweilige Wert verhältnismäßig hoch oder niedrig ist. Ziel ist eine möglichst genaue eigene Standortbestimmung, um hieraus Verbesserungsziele und -maßnahmen ableiten zu können. Dieser sogenannte Benchmarkingprozess lässt sich als interner Betriebsvergleich zwischen eigenen Standorten/ Abteilungen/ Produktionsverfahren, als externer Betriebsvergleich mit Branchenwettbewerbern/ Zulieferern/ Kunden oder auch branchenübergreifend (d.h. wie hoch liegt der eigene Energieverbrauch im Vergleich beispielsweise zu einem Textil-, Chemie- oder Dienstleistungsunternehmen?) durchführen. Grundvoraussetzung ist, dass die Erhebungsgrundlagen beider Vergleichsobjekte übereinstimmen. Wenn beispielsweise der Energieverbrauch pro Mitarbeiter verschiedener Unternehmen verglichen werden soll, muss sowohl der Energieverbrauch als auch die Mitarbeiterzahl nach gleichen Kriterien erhoben worden sein (welche Energieverbräuche werden einbezogen? handelt es sich um den Primär- oder Sekundärenergieverbrauch? wie wird die Zahl der Mitarbeiter ermittelt? sind Teilzeitkräfte gleichermaßen berücksichtigt?).

Benchmarkprozess für Umwelt-Kennzahlen:

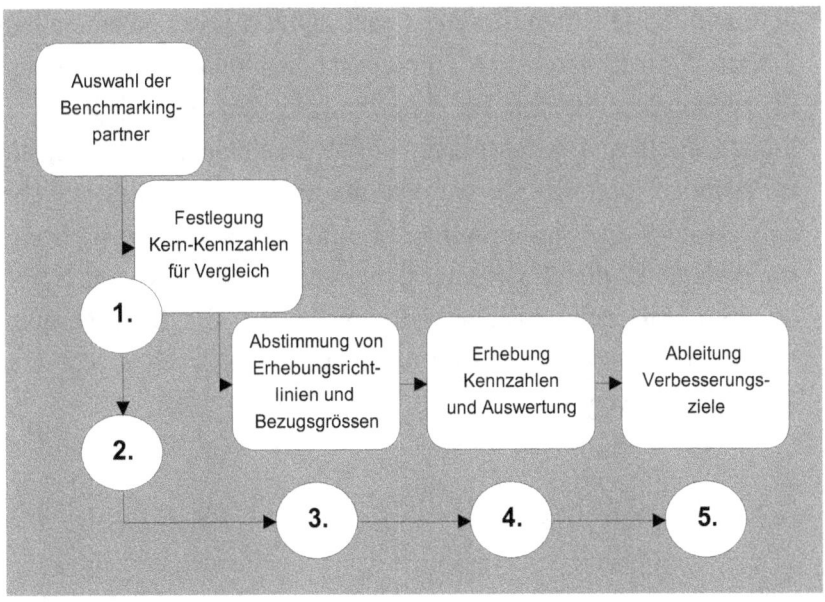

Voraussetzung für die Auswahl eines geeigneten Benchmarkpartners ist insbesondere, dass dieser vergleichbar ist, d.h. ähnliche Produkte oder Dienstleistungen anbietet. Unterschiedliche Unternehmensstrukturen und regionale Standortunterschiede müssen angemessen berücksichtigt werden. Im Vordergrund des Abgleichs eigener Kennzahlen mit den Erfahrungen jener, die vielleicht besser abgeschnitten haben, ist das Aufdecken von Optimierungspotenzialen. Im Idealfall können die Ergebnisse des Benchmarkingprozesses auch eine Kooperationsbasis der Unternehmen zur Verbesserung ihrer Umweltleistungen aufbauen helfen.

Festlegung der Kennzahlenbereiche: Umweltkennzahlen können auf verschiedene Bereiche, Werke oder Standorte bezogen werden und lassen sich deshalb nach Unternehmenskennzahlen, Standortkennzahlen oder Prozesskennzahlen unterscheiden. Prozesskennzahlen sind für die Erfassung der wesentlichen Verbrauchsquellen von Ressourcen sowie die Hauptverursacher von Emissionen wichtig. Sie werden auf unteren Organisationsebenen gebildet und sind somit insbesondere als Planungs-, Steuerungs- und Kontrollinstrumente geeignet. Dagegen sind Standort- und Unternehmenskennzahlen vor allem für die allgemeine Erfolgskontrolle des Umweltmanagements über einen längeren Zeitraum hinweg wichtig.

		JA	NEIN
Benchmarking	Unternehmensinterner oder -übergreifender Kennzahlenvergleich mit festgelegten Richtwerten und/oder Zielgrößen als Instrument zur Ableitung von Verbesserungsmaßnahmen und -zielen	☐	☐
Betriebsvergleich	Gegenüberstellung der Kennzahlen eines Betriebes oder einzelner Unternehmensbereiche mit anderen Betrieben bzw. Unternehmensbereichen	☐	☐
Produktionseinheit PE	Die Produktionseinheit PE ist das Maß für die Produktionsmenge PM, die u.a. als Bezugsgröße für Ressourcenverbräuche und Emissionen bei der Bildung relativer Kennzahlen verwendet wird. Durch PE-Kennzahlen ist eine Bewertung der Umweltleistung unabhängig von Produktionsschwankungen möglich. Die jeweils unternehmensspezifisch festzulegende PE kann in kg, Stück, cbm, Charge etc. definiert werden.	☐	☐
Umweltbilanz, betriebl.	Zusammenfassende Bilanzierung der in ein Unternehmen ein- und ausgehenden Stoff- und Energieströme über einen bestimmten Zeitraum. Den Input-Strömen (Material, Energie, Wasser) werden die Output-Ströme (Produkte, Abfall, Abluft, Abwasser, Energieabgabe) gegenübergestellt.	☐	☐
Umweltberichte	Erstellung und Veröffentlichung von -freiwilligen- Umwelterklärungen. Grundsätze der Umweltberichterstattung legt die DIN-Norm 33922 fest	☐	☐

Seite
81

Berufsqualifizierender Praxisbezug mit arbeitsmarktbezogener Qualifikation - Bildungswege mit komplexen Gedankengängen und multikausalen Prozessen

Studieninhalte orientieren sich unter dem Gesichtspunkt einer betriebswirtschaftlichen Bildungsrendite am Leitgedanken der „Employabilität", d.h. den größtmöglichen Chancen für eine darauf aufbauende Beschäftigungsfähigkeit. Hierfür steht u.a. auch die Forderung nach einem europäischen Hochschulraum „zur Förderung der Mobilität und arbeitsmarktbezogenen Qualifikation". Es wurde eine Jagd nach Credit Points des „European Credit Transfer System" eröffnet. Diese ECTS sind zur Währung der Bologna-Studiengänge geworden (1 Punkt = 30 Stunden, 180 Punkte = 1 Bachelor). Ein weiterer Leitgedanke: erhöhte Mobilität der Studenten sei ohne Zeitverlust und ohne Erhöhung der Kosten für Eltern und Staat möglich. In diesem System der Anreize versuchen Studenten, möglichst schnell mit möglichst geringem Aufwand möglichst viele Credit Points und gute Noten zu erlangen. Berufsfeldbezogene Studiengänge mit starker Praxisorientierung erleichtern zwar den Übergang in die Berufstätigkeit, hätten aber nach Meinung einiger Bildungsexperten dafür einen geringeren sozialen Wert. Von universitären Studiengängen wie Medizin und Jura einmal abgesehen, die unmittelbar zur Ausübung eines Berufs berechtigen, scheint die Situation für andere Berufswege nicht so eindeutig zu sein. D.h. praktische Studieninhalte können nicht überall und unbedingt 1:1 sofort in das Berufsleben übertragen werden. Immer wieder zeigt sich: Fachwissen ist nicht alles – Persönlichkeit und soziale Kompetenzen sind ebenso (oder mehr) entscheidend. Fachwissen wird für die meisten Stellenangebote als mehr oder weniger selbstverständlich vorausgesetzt. Was aber vor allem zusätzlich verlangt und in die Tiefe gehend hinterfragt wird, sind: Einsatzbereitschaft, Verantwortungsbewusstsein, Kommunikationsfähigkeit, Teamfähigkeit, selbständiges Arbeiten, ganzheitliches Denken und Fähigkeit, erlerntes Wissen mit der Praxis zu verknüpfen. Darin zeigt sich die große Bedeutung der allgemeinbildenden Teile und Inhalte eines Studienganges. Gerade Studenten sind dazu aufgerufen, sich mit ihrem Wissen intensiv auch mit gesellschaftlichen Problemen zu befassen. Umso leichter dürfte es später fallen, eine angemessene Beschäftigung zu finden (auch dann, wenn ein absolvierter Studiengang nicht eng auf ein bestimmtes Berufsfeld ausgerichtet wurde).

Veränderte Qualifizierungsherausforderungen: bei immer kürzeren Innovationszyklen wird die Qualität der Ausbildung zum strategischen Erfolgsfaktor für die Potenzialausschöpfung von Wirtschaftswissen. D.h. die Wettbewerbsfähigkeit einer Gesellschaft hängt nicht zuletzt von der Fähigkeit der Menschen ab, wie schnell diese in der Lage sind, auf neue Entwicklungen zu reagieren. Generelles Ziel für das Bildungsmanagement ist die Sicherung einer qualifizierten Nachwuchssicherung, Verbesserung der Qualifikation zur kompetenten Aufgabenerfüllung und Erhöhung des Qualifikationspotentials. Vor der Jahrtausendwende, beispielsweise in den 60er Jahren, sah manche Bildungsbiographie in etwa so oder ähnlich aus: mit 6 Jahren eingeschult, mit 10 Jahren Aufnahme in die Sexta eines Gymnasiums, mit 19 oder 20 Jahren (bei evtl. einer Ehrenrunde) Abitur, mit 22 Jahren Ableistung des Wehrdienstes und dann Beginn eines Studiums, nach etwa 12 Semestern, d.h. mit 28 Jahren Erwerb eines Diploms, nach weiteren 2 Jahren Aufbaustudium, Orientierung oder Studium Generale mit 30 Jahren Einstieg in den Beruf. Aus der Sicht heutiger Bildungsökonomen wäre solches eher einem lange andauernden Horrorszenario zuzurechnen. Das heutige Ideal wird hiervon abweichend eher so definiert: mit 5 Jahren eigeschult, nach nur acht Jahren auf dem Gymnasium, mit etwa 17 Jahren Zeugnis der Reife (obwohl weder volljährig noch unterschriftsberechtigt) als G8-Studierender auf die Universität und mit 23 Jahren Studienabschluss und Start der Karriere.

V. Ladenthin, der an der Universität Bonn Historische und Systematische Erziehungswissenschaft lehrt, machte hierzu allerdings einige Anmerkungen in der FAZ, die so gar nicht in dieses auf den ersten Blick so schöne Bild passen wollen: so hätten nach seinen Erfahrungen G8-Studierende Verständnisprobleme mit etwas komplexeren Texten, Schwierigkeiten bei der Wiedergabe etwas komplexerer Gedankengänge, einen Mangel an authentischer Lebenserfahrung, durch ihr bisheriges Leben nur in Klassenzimmern und Kursen eine eingeschränkte Sicht der Dinge, einen Mangel an Urteilskraft, Schwierigkeiten multikausale Prozesse aufzunehmen und ganzheitlich zu analysieren. Neben solchen Fähigkeiten fehle es im G8-Zyklus an Bereitschaft und Problemverständnis. Altersabhängige Reifeprozesse lassen sich auf einem Bildungsweg wohl doch nicht negieren oder beliebig umschiffen. Der nachholbedürftige Erwerb notwendiger Fähigkeiten, Erfahrungen und Kompetenzen könnte somit auch längere Studienzeiten bedingen. Spätestens im harten Berufsalltag würde man von solchem Mangel an Wirtschaftswissen und Fähigkeiten (dann umso schmerzhafter) eingeholt. Veränderte Inhalte von Qualifizierungsmaßnahmen stellen Personalverantwortliche ebenfalls vor veränderte Herausforderungen. Mehr denn je werden Anleitung und Hilfe zum Selbstlernen im Mittelpunkt stehen. Die neuen Arbeitswelten stellen den Menschen einen Wandel „von der Muss-Arbeit zur Lust-Arbeit" in Aussicht. Bildungsmaßnahmen erfüllen im Bereich von Wirtschaftswissen nur dann voll ihren Zweck, wenn durch das Gelernte auch das Aufgabenspektrum im beruflichen Kontext besser gelöst werden kann, d.h. es geht darum, mit welcher Transferquote die Lernerfolge auch in die Praxis umgesetzt werden können.

Der Markt dreht sich immer schneller, die Halbwertzeiten von Produkten und Leistungen werden immer kürzer - intelligentes Management, zielführendes Arbeiten mit wirtschaftlichen Nutzwerten

Es bringt nichts, wenn man etwas im Kopf hat, aber keine Lust mitbringt, die PS auf die Straße zu bringen. Die notwendige Grundmotivation und Leistungsbereitschaft erlangt nur der, der sich mit seiner Arbeit identifiziert. Für Wohlbefinden (und Gesundheit) kommt es für den Einzelnen darauf an, dass er im Gleichgewicht ist: man muss in Bewegung bleiben, aber auch die Balance halten". Auch reicht es nicht, nur innovativ sein zu wollen. Man braucht auch die Fähigkeit, die Balance nicht zu verlieren. Um die Balance zu halten, muss man auch einmal innehalten. Nur in Bewegung bleiben birgt die Gefahr, wie ein Hamster im Rad zu werden. „Balance halten bedeutet, dass ich auch links und rechts gucke". Man braucht Raum, um quer zu denken.

Wer aber nicht schnell und vor allem effizient arbeitet, dem fehlt auch letztendlich die Zeit, quer zu denken. Er ist quasi in einer völlig atemlosen Bewegung. Man kann für eine Idee brennen und dabei noch der tollste Innovator sein: wenn man nicht das nötige Rüstzeug hat, um Balance zu halten, dann war es das. Der Markt dreht sich immer schneller, die Halbwertzeiten von Produkten und Leistungen werden immer kürzer. Die Digitalisierung entfacht eine neue Dynamik an Informationen, Kommunikation und Entscheidungen. Und alles dies passiert mit hoher Geschwindigkeit und Komplexität. Umso wichtiger wird das In-

Bewegung-Bleiben, ohne dabei die Balance zu verlieren. Man kommt nicht umhin, sich Räume zu schaffen (zu bewahren), um kreativ zu sein und Zeit zu haben.

Ermittlung von Nutzwerten: Punkte-Bewertungsverfahren: eine einfache Methode, alternative Projekte, Maßnahmen u.a. einer Bewertung anhand von vorher festzulegenden Beurteilungskriterien zu unterziehen, besteht in der Vergabe von Punkten pro Projekt, Maßnahme u.a. und Kriterium. Dabei werden die Punkte auf einer beliebigen Punkteskala, beispielsweise von 0-5 oder von 0-10, je nach dem Grad der Erfüllung des jeweiligen Beurteilungskriteriums durch das/die Projekt/Maßnahme, vergeben (0 = Kriterium nicht erfüllt, 5 oder 10 = bestmögliche Erfüllung des Kriteriums). Beispielsweise sollen die Werbeträger A-E bezüglich bestimmter Kriterien nach Punkten bewertet werden:

Bewertungskriterium	Punktwerte 0-10 Werbeträger				
	A	B	C	D	E
Aufnahmekapazität	3,0	9,0	2,0	5,0	8,0
Steuerbarkeit zeitlich	8,0	9,5	3,0	8,0	6,0
Steuerbarkeit regional	7,5	8,5	5,0	5,0	7,5
Steuerbarkeit nach Zielgruppen	5,0	2,0	2,5	3,5	7,0
Reichweite quantitativ	9,0	9,0	9,0	8,5	5,5
Reichweite qualitativ	7,0	8,0	8,0	7,0	4,0
Darstellungsmöglichkeiten	5,0	5,0	4,5	5,0	5,0
Kommunikationsrückkopplung	4,0	4,0	4,5	5,0	5,0
Kontaktkosten absolut	4,0	4,0	2,0	5,0	6,0
Kontaktkosten relativ	3,0	4,0	3,0	7,0	3,5
Kosten-Leistungs-Verhältnis	6,0	6,0	5,0	7,0	6,0
Erfolgskontrolle	5,0	4,0	4,0	5,0	8,0
SUMME	**66,5**	**73,0**	**52,5**	**71,0**	**71,5**

Projekt/Maßnahme B, E und D mit bester Punkt-Bewertungszahl

Bestimmung der Ziele bzw. Kriterien: Zunächst werden die für die Bewertung heranziehbaren Kriterien möglichst umfassend aufgeschrieben und auf eventuell vorhandene Überschneidungen hin untersucht. *Gewichtung der Ziele*: Die Bedeutung der einzelnen Bewertungsziele wird durch eine im Allgemeinen prozentuale Gewichtung festgelegt. Dieser Schritt ist wegen der Gefahr zu starker subjektiver Wertvorstellungen seitens der beteiligten Personen besonders problematisch. *Wahl der geeigneten Skalierung*: Für die Zuordnung von Erfüllungsgraden der Zielkriterien und für die Zusammenfassung der unterschiedlichen Teilnutzen ist eine geeignete Skalierung erforderlich, beispielsweise eine Schulnotenskala von 1 bis 6 für sehr gut bis ungenügend oder eine Skalierung von 1 bis 10.

Gewichtsfaktoren-Bewertung: bei der Anwendung einer gewichteten Nutzwertanalyse kann in folgenden Schritten vorgegangen werden:

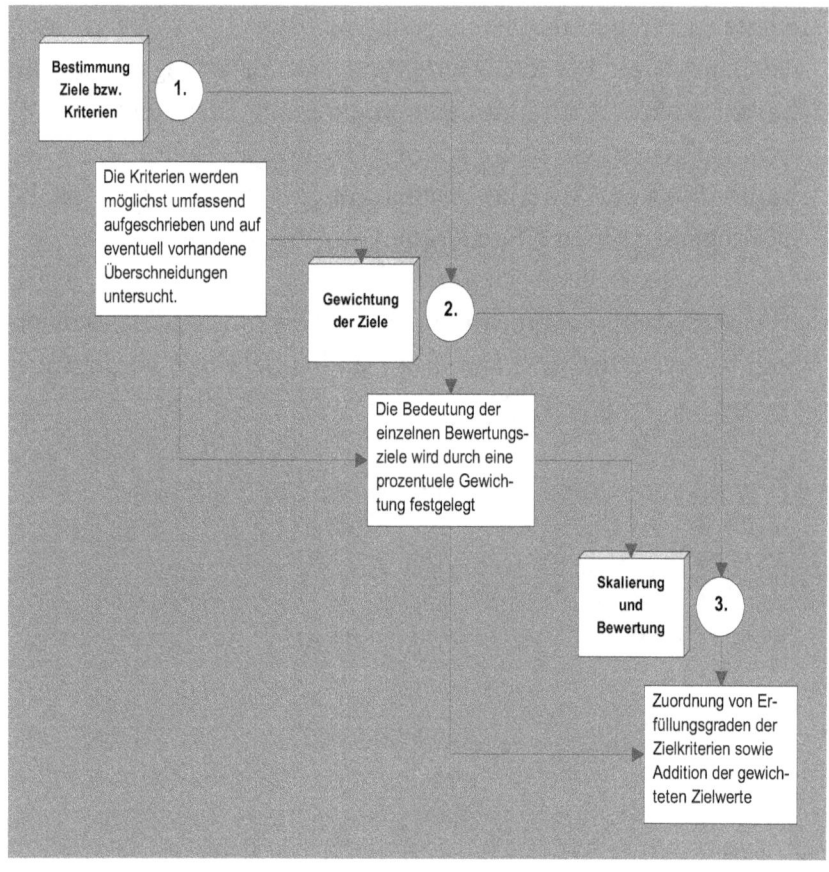

Festlegung und Bewertung der Entscheidungsalternativen: Um eine möglichst unbeeinflusste Auswahl und Gewichtung der Ziele sicherzustellen, werden erst in dieser Phase die in Frage kommenden Alternativen festgelegt. Danach schließt sich ihre Bewertung an, d.h. die Festlegung des Grades (Zielwert), mit dem die geforderte Eigenschaft durch die jeweilige Alternative erfüllt wird. *Ermittlung der Nutzwerte*: Der Gesamtnutzen einer Alternative ergibt sich aus der Addition der gewichteten Zielwerte (= Nutzwertbeiträge). Durch den so ermittelten Gesamtnutzen lassen sich die einzelnen Alternativen in eine Rangfolge bringen.

Festlegung der Gewichtungs-Kennziffer:

Bewertungskriterium	Gewichtungs-Kennziffer 0-10
Aufnahmekapazität	2,0
Steuerbarkeit zeitlich	8,0
Steuerbarkeit regional	7,0
Steuerbarkeit nach Zielgruppen	9,0
Reichweite quantitativ	6,0
Reichweite qualitativ	8,0
Darstellungsmöglichkeiten	4,0
Kommunikationsrückkopplung	3,5
Kontaktkosten absolut	2,0
Kontaktkosten relativ	2,0
Kosten-Leistungs-Verhältnis	9,0
Erfolgskontrolle	2,0

Die vorher festgelegten Beurteilungskriterien werden mit einer Gewichtungskennziffer versehen, die vom Anwender/Nutzer seinem Anforderungsprofil entsprechend festgelegt wird. Durch die Multiplikation von Gewichtskennziffer mit o.a. Punktzahlen wird für die jeweiligen Bewertungskriterien der Projekte/ Maßnahmen jeweils eine nunmehr gewichtete Bewertungsziffer errechnet. Das/die Projekt/Maßnahme mit der höchsten Gesamt-Bewertungszahl ist das/die jeweils am besten geeignete. Die ursprüngliche Rangfolge ändert sich aufgrund Einbeziehung zusätzlicher Gewichtungsfaktoren: Projekt/Maßnahme A und E tauschen ihre Priorität (auf Basis o.a. Beispieldaten):

ohne Gewichtung: 1. B, 2. E, 3. D, 4. A, 5. C

mit Gewichtung : 1. B, 2. A, 3. D, 4. E, 5. C

Errechnung Gewichtsfaktor x Note:

Bewertungskriterium	Gewicht KZ	= Gewichtsfaktor x Note Werbeträger				
		A	B	C	D	E
Aufnahmekapazität	2,0	6,0	18,0	4,0	10,0	16,0
Steuerbarkeit zeitlich	8,0	64,0	76,0	24,0	64,0	48,0
Steuerbarkeit regional	7,0	52,5	59,5	35,0	35,0	52,5
Steuerbarkeit nach Zielgruppen	9,0	45,0	18,0	22,5	31,5	63,0
Reichweite quantitativ	6,0	54,0	54,0	54,0	51,0	33,0
Reichweite qualitativ	8,0	56,0	64,0	64,0	56,0	32,0
Darstellungsmöglichkeiten	4,0	20,0	20,0	18,0	20,0	20,0
Kommunikationsrückkopplung	3,5	14,0	14,0	15,8	17,5	17,5
Kontaktkosten absolut	2,0	8,0	8,0	4,0	10,0	12,0
Kontakkosten relativ	2,0	6,0	8,0	6,0	14,0	7,0
Kosten-Leistungs-Verhältnis	9,0	54,0	54,0	45,0	63,0	54,0
Erfolgskontrolle	2,0	10,0	8,0	8,0	10,0	16,0
SUMME		389,5	401,5	300,3	382,0	371,0

Kognitive Überfrachtung: warum aber überhaupt Multitasking, das heißt sich gleichzeitig mit zwei oder mehr Sachen beschäftigen? Weil die gehetzte Gesellschaft sich selbst hetzt. Manchen rühmen sich sogar mit ihrem Multitasking (weil es irgendwie modern, zeitgeistig, trendy scheint). In Lebensläufen von Bewerbern wird Multitasking zum positiven Merkmal pervertiert. Höher, schneller, weiter, das scheint die Maxime des Arbeitslebens zu sein. „Das beweist der Ampeltest auf dem Weg zur Arbeit: Rechts und links wird telefoniert, losgefahren, in Wisch- und-Weg-Hektik das Smartphone bearbeitet, der Motor abgewürgt, noch bei Dunkelgeld über die Kreuzung gefegt, sich flüchtig auf den Verkehr konzentriert, um an der nächsten Ecke abermals seine Facebook-Updates zu kontrollieren. Mancher überschätzt dabei sich und seine Flexibilität: nur weil es die Technik gibt, heißt das noch nicht, dass man sie auch simultan beherrschen muss. Wenn Studenten, während sie einer Vorlesung folgen, gleichzeitig auf ihrem Laptop im Internet surfen und auf ihrem Smartphone chatten, laufen sie leicht Gefahr, kognitiv überfrachtet zu werden. Denn junge Multitasker werden von manchen bewundert und sind bei Arbeitgebern wegen dieser Eigenschaften meistens gerne gesehen. Doch selbst das Gehirn des Gescheitesten nimmt irgendwann mehr Reize auf, als es auf einen Schlag verarbeiten kann. Doch wo werden solche Meister des Multitasking wirklich gebraucht? Wer arbeitet tatsächlich als Notfallmediziner, Investmentbanker mit Milliarden-Deals, muss Leben retten oder als Top-Manager Millionen oder Arbeitsplätze retten? Wie viele stehen wirklich in der Pflicht, sekündlich erreichbar zu sein? Die anderen sollten öfter lieber einmal abschalten und versuchen, einen Schritt nach dem anderen zu tun.

Für die Messung der Wirtschaftlichkeit sollte eine zweite Beurteilungsstufe durchlaufen werden, bei der eine Kriteriengruppe als Ganzes gewichtet und mit den relativierten Gruppenbewertungsziffern multipliziert wird: die Addition dieser Werte ergibt eine Gesamtbewertungsziffer mit höherer Aussagekraft

Bewertung nach Gewichtsstufen: werden für die Bewertung eine Vielzahl von Einzelkriterien innerhalb von Kriteriengruppen benotet und gewichtet, kann sich durch die reine Addition der hieraus errechneten Bewertungsziffern ein Ungleichgewicht ergeben. Unter Umständen besteht die Möglichkeit, dass nicht das/die optimale Projekt/Maßnahme ermittelt wird. Es sollte daher noch eine zweite Beurteilungsstufe durchlaufen werden, bei der die Kriteriengruppen als Ganzes gewichtet und mit den relativierten Gruppenbewertungsziffern multipliziert werden. Die Addition dieser Werte ergibt eine Gesamtbewertungsziffer mit höherer Aussagekraft:

	Punktwerte 0-10					Gewichtstufe in Prozent						
	Werbeträger											
Bewertungskriterium	A	B	C	D	E	1.	2.	A	B	C	D	E
Aufnahmekapazität	3,0	9,0	2,0	5,0	8,0	10		0,3	0,9	0,2	0,5	0,8
Steuerbarkeit zeitlich	8,0	9,5	3,0	8,0	6,0	30		2,4	2,9	0,9	2,4	1,8
Steuerbarkeit regional	7,5	8,5	5,0	5,0	7,5	40		3,0	3,4	2,0	2,0	3,0
Steuerbarkeit nach Zielgruppen	5,0	2,0	2,5	3,5	7,0	20		1,0	0,4	0,5	0,7	1,4
						100		6,7	7,6	3,6	5,6	7,0
1. Kriteriengruppe:							40	2,7	3,0	1,4	2,2	2,8
Reichweite quantitativ	9,0	9,0	9,0	8,5	5,5	50		4,5	4,5	4,5	4,3	2,8
Reichweite qualitativ	7,0	8,0	8,0	7,0	4,0	15		1,1	1,2	1,2	1,1	0,6
Darstellungsmöglichkeiten	5,0	5,0	4,5	5,0	5,0	15		0,8	0,8	0,7	0,8	0,8
Kommunikationsrückkopplung	4,0	4,0	4,5	5,0	5,0	20		0,8	0,8	0,9	1,0	1,0
						100		7,1	7,3	7,3	7,1	5,1
2. Kriteriengruppe							10	0,7	0,7	0,7	0,7	0,5
Kontaktkosten absolut	4,0	4,0	2,0	5,0	6,0	10		0,4	0,4	0,2	0,5	0,6
Kontaktkosten relativ	3,0	4,0	3,0	7,0	3,5	30		0,9	1,2	0,9	2,1	1,1
Kosten-Leistungs-Verhältnis	6,0	6,0	5,0	7,0	6,0	30		1,8	1,8	1,5	2,1	1,8
Erfolgskontrolle	5,0	4,0	4,0	5,0	8,0	30		1,5	1,2	1,2	1,5	2,4
						100		4,6	4,6	3,8	6,2	5,9
							50	2,3	2,3	1,9	3,1	2,9
GESAMTBEWERTUNG							100	5,7	6,0	4,1	6,0	6,2

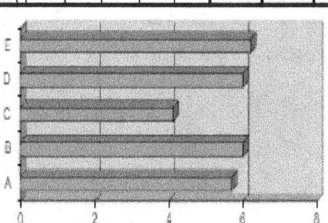

Projekt/Maßnahme E am günstigsten vor D und B

Kosten-Nutzen-Relation: zur Errechnung der Kosten-Nutzen-Relation wird die Gruppe der Beurteilungskriterien, die sich auf Kosten beziehen, zunächst von den übrigen Beurteilungskriterien getrennt. Im ersten Schritt werden für die nichtkostenbezogenen Beurteilungskriterien der entsprechenden Projekt-/ Maßnahmenalternativen Noten vergeben und die Bewertungsziffern errechnet. Deren Addition ergibt die Gesamtbewertungsziffer. Hierin entspricht diese Methode analog der vorangegangenen, stufenweisen Gewichtsfaktoren-Bewertung:

Bewertungskriterium	Punktwerte 0-10 Werbeträger					Gewichtsstufe in Prozent						
	A	B	C	D	E	1.	2.	A	B	C	D	E
Aufnahmekapazität	3,0	9,0	2,0	5,0	8,0	10		0,3	0,9	0,2	0,5	0,8
Steuerbarkeit zeitlich	8,0	9,5	3,0	8,0	6,0	30		2,4	2,9	0,9	2,4	1,8
Steuerbarkeit regional	7,5	8,5	5,0	5,0	7,5	40		3,0	3,4	2,0	2,0	3,0
Steuerbarkeit nach Zielgruppen	5,0	2,0	2,5	3,5	7,0	20		1,0	0,4	0,5	0,7	1,4
						100		6,7	7,6	3,6	5,6	7,0
1. Kriteriengruppe:							70	4,7	5,3	2,5	3,9	4,9
Reichweite quantitativ	9,0	9,0	9,0	8,5	5,5	50		4,5	4,5	4,5	4,3	2,8
Reichweite qualitativ	7,0	8,0	8,0	7,0	4,0	15		1,1	1,2	1,2	1,1	0,6
Darstellungsmöglichkeiten	5,0	5,0	4,5	5,0	5,0	15		0,8	0,8	0,7	0,8	0,8
Kommunikationsrückkopplung	4,0	4,0	4,5	5,0	5,0	20		0,8	0,8	0,9	1,0	1,0
						100		7,1	7,3	7,3	7,1	5,1
2. Kriteriengruppe							30	2,1	2,2	2,2	2,1	1,5
GESAMTBEWERTUNG							100	6,8	7,5	4,7	6,0	6,4

Im zweiten Schritt werden -in der Regel auf Jahresbasis- die einzelnen Kostenarten für die zu beurteilenden Projekte/ Maßnahmen erfasst und gegenübergestellt. Deren Addition ergibt dann für jede Entscheidungsalternative die zugehörigen jährlichen Gesamtkosten. Im dritten Schritt wird die Kosten-Nutzen-

Relation durch Division aus jährlichen Gesamtkosten einerseits sowie der Gesamt-Bewertungsziffer andererseits gebildet. Die Projekt-/Maßnahmen-Alternative mit dem niedrigsten Preis-Leistungsverhältnis ist die geeignetste:

Bewertungskriterium	Punktwerte 0-10 Werbeträger					Gewichtstufe in Prozent		A	B	C	D	E
	A	B	C	D	E	1.	2.					
Aufnahmekapazität	3,0	9,0	2,0	5,0	8,0	10		0,3	0,9	0,2	0,5	0,8
Steuerbarkeit zeitlich	8,0	9,5	3,0	8,0	6,0	30		2,4	2,9	0,9	2,4	1,8
Steuerbarkeit regional	7,5	8,5	5,0	5,0	7,5	40		3,0	3,4	2,0	2,0	3,0
Steuerbarkeit nach Zielgruppen	5,0	2,0	2,5	3,5	7,0	20		1,0	0,4	0,5	0,7	1,4
						100		6,7	7,6	3,6	5,6	7,0
1. Kriteriengruppe:							70	4,7	5,3	2,5	3,9	4,9
Reichweite quantitativ	9,0	9,0	9,0	8,5	5,5	50		4,5	4,5	4,5	4,3	2,8
Reichweite qualitativ	7,0	8,0	8,0	7,0	4,0	15		1,1	1,2	1,2	1,1	0,6
Darstellungsmöglichkeiten	5,0	5,0	4,5	5,0	5,0	15		0,8	0,8	0,7	0,8	0,8
Kommunikationsrückkopplung	4,0	4,0	4,5	5,0	5,0	20		0,8	0,8	0,9	1,0	1,0
						100		7,1	7,3	7,3	7,1	5,1
2. Kriteriengruppe							30	2,1	2,2	2,2	2,1	1,5
A. GESAMTBEWERTUNG							100	6,8	7,5	4,7	6,0	6,4
Anschaffungskosten												
jährliche Umlage in €								85.000	125.000	90.000	130.000	78.000
Betriebskosten/Jahr €								12.000	15.000	18.000	20.000	20.000
B. Jährliche Gesamtkosten								97.000	140.000	108.000	150.000	98.000
C. Kosten-Nutzen-Relation												
= B : A								14.223	18.767	22.967	24.855	15.241

Projekt/Maßnahme A mit niedrigstem Preis-Leistungsverhältnis am günstigsten

Kalkulation von Alternativen - das richtige Management strategischer und externer Risiken, bietet Möglichkeiten, potentielle Bedrohungen in Chancen zu transferieren

Wenn man über das Risiko einer Handlungsalternative A gegenüber alternativen Handlungsweisen B und C nachdenkt, ist die Antwort hiervon immer relativ. Beispiel einer Alternative A (Aktie, Investition u.a.): Der anfängliche Einsatz beträgt 100 Euro, die für einen Monat investiert werden sollen. Aufgrund möglicher Ereignisse (z.B. Wechselkursänderungen) besteht eine 80-prozentige Chance, dass der Einsatz auf 120 Euro steigt, eine 10-prozentige Chance, dass er auf 80 Euro fällt, und eine ebenfalls 10-prozentige Chance, dass er auf 40 Euro abstürzt. Mit einer Wahrscheinlichkeit von 20 Prozent (=1 : 5) wird man also Geld verlieren. Demgegenüber stehen die Chancen, einen Gewinn zu erzielen bei 80 Prozent (=4 : 5). Unter den gegebenen Umständen könnte man also zu 90 Prozent sicher sein, nicht mehr als 60 Euro der ursprünglich eingesetzten 100 Euro zu verlieren. Man könnte sogar zu 80 Prozent darauf bauen, nicht mehr als 20 Euro der ursprünglich eingesetzten 100 Euro zu verlieren.

Verbindet man die drei möglichen Ergebnisse von 120 Euro, 80 Euro und 40 Euro mit ihren jeweiligen Wahrscheinlichkeiten (=Gewichten) von 80, 10 und 10 Prozent, ergibt sich hieraus folgende Rechnung: 120 x 0,8 + 80 x 0,1 + 40 x 0,1 = 108 Euro. Wenn also die Ausgangsbedingungen für diese Rechnung unverändert bleiben und der Realität entsprechen, kann man auf Dauer einen monatlichen Gewinn von durchschnittlich 8 Euro auf das eingesetzte Startkapital erzielen. Berücksichtigt werden muss, dass dies ein durchschnittlicher Monatsgewinn ist, der in Einzelfällen durchaus (erheblich) von diesem Mittelwert abweichen kann. Die Varianz, d.h. Streuung, nach der die Einzelwerte jeweils um den Durchschnitt schwanken können, berechnet man nach folgender Gleichung:

$$0,8 \times (120 - 108)^2 + 0,1 \times (80 - 108)^2 + 0,1 \times (40 - 108)^2$$

Im Vergleich hierzu Beispiel einer Alternative B: der anfängliche Einsatz beträgt ebenfalls wieder 100 Euro, die für einen Monat investiert werden sollen. Aufgrund möglicher Ereignisse wie etwa Wechselkursänderungen, Zinsänderungen u.a. besteht eine 10-prozentige Chance, dass ein Ergebnis von 120 Euro erzielt wird, eine 80-prozentige Chance, dass man auf 80 Euro Verlust zurückfällt und eine ebenfalls 10-prozentige Chance, dass man auf einen Verlust von 40 Euro zurückfällt. Verbindet man die drei möglichen Ergebnisse von 120 Euro, 80 Euro und 40 Euro mit ihren jeweiligen Wahrscheinlichkeiten (=Gewichten) von 80, 10 und 10 Prozent, ergibt sich hieraus folgende Rechnung: 120 x 0,1 + 80 x 0,8 + 40 x 0,1 = 80 Euro. Wenn also die Ausgangsbedingungen für diese Rechnung unverändert bleiben und der Realität entsprechen, kann man auf Dauer einen monatlichen Verlust von durchschnittlich 20 Euro auf das eingesetzte Startkapital erzielen. Zieht man keine weitere Einflussfaktoren in Betracht, würde das Vergleichsergebnis beider Alternativen deutlich für Alternative A sprechen.

Liquiditätsreserve - *Cash Flow:* Liquide Mittel = Bargeld + Buchgeld + freie Kreditlinien. Bargeld = Banknoten + Münzen. Buchgeld = sofort fällige Forderungen (z.B. Sichtguthaben bei Kreditinstituten). Liquiditätsreserve = near-money-assets (geldnahe Aktiva) = Besitzwechsel, börsengehandelte Wertpapiere mit kurzer Laufzeit, Geldmarktpapiere (z.B. Schatzanweisungen), Anteile an Geldmarktfonds, börsengehandelte variabel verzinsliche Anleihen) . Ein Verkauf auf Ziel erhöht den Forderungsbestand, ist aber nicht zahlungswirksam. Vergibt das Unternehmen einen Bar-Kredit, erhöht sich der Bestand an Forderungen, gleichzeitig findet ein Abfluss liquider Mittel statt.

Liquidität = jederzeitige + vollständige Zahlungsfähigkeit eines Unternehmens

$$\text{Momentan- und Periodenliquidität} = ABLM_1 + \sum_{t=1}^{n} e_t - \sum_{t=1}^{n} a_t > 0$$

$ABLM_t$ = Anfangsbestand an liquiden Mitteln zum Zeitpunkt t

$EBLM_t$ = Endbestand an liquiden Mitteln zum Zeitpunkt t

e_t = erwarteten Einzahlungen

a_t = fällige Auszahlungsverpflichtungen

EZÜ = Einzahlungsüberschuss

AZÜ = Auszahlungsüberschuss

Risikomanagement nicht ohne Wirtschaftswissen:
Relevante Risikofelder sind u.a.:
Geopolitische Krisen
Bedrohungen aus der Cyberwelt
Großflächige wirtschaftliche Veränderungen
Volatile Märkte
Überalterung der Gesellschaft
Wachsende Vernetzung
Geographische Mobilität
Finanzielle Risiken
Operationale Risiken (z.B. Ausfall Lieferanten, Gewährleistungsverpflichtungen)
Verschärfte Regulierungen, neue Gesetzgebungen
Reputationsrisiken
Naturkatastrophen

Das richtige Management strategischer und externer Risiken, bietet Möglichkeiten, potentielle Bedrohungen in Chancen zu transferieren. Dafür muss im Vorfeld ermittelt werden, welche Risiken entstehen können, mit welchen Folgen (Kosten) in einem Worst-Case-Szenario gerechnet werden muss. Aber auch, wie groß die Chancen sind, angestrebter Ziele auch weiterhin zu erreichen. D.h. in den täglichen Ablauf sollte eingebettet sein, Risiken zu identifizieren, zu managen und darauf reagieren zu können. Hierfür können Erfahrungswerten (z.B. von anderen Unternehmen) nicht einfach auf das eigene Unternehmen übertragen werden.: „es gibt nicht die eine Lösung, die quasi standardisiert in jedem beliebigen Unternehmen implementiert werden kann. Vielmehr spielen harte Faktoren wie zum Beispiel das jeweilige Geschäftsmodell, die Geographie der Absatzmärkte, die Standorte der Produktionsstätten" eine wichtige Rolle. Je nach Unternehmenskultur werden selbst für gleiche Risikoprofile manchmal ganz unterschiedliche Antworten gefunden werden (müssen).

Momentanliquidität – Periodenliquidität:

Tag t	Unternehmen A				Unternehmen B			
	ABLM t	e t	a t	EBLM t	ABLM t	e t	a t	EBLM t
1.	2.000	200	-150	2.050	2.000	300	-400	1.900
2.	2.050	250	-120	2.180	1.900	100	-250	1.750
3.	2.180	250	-220	2.210	1.750	150	-550	1.350
4.	2.210	300	-270	2.240	1.350	350	-450	1.250
5.	2.240	300	-220	2.320	1.250	280	-500	1.030
6.	2.320	350	-280	2.390	1.030	220	-550	700
7.	2.390	350	-150	2.590	700	150	-450	400
8.	2.590	350	-180	2.760	400	200	-600	0
9.	2.760	300	-210	2.850	0	200	-450	-250
10.	2.850	300	-150	3.000	-250	250	-300	-300
11.	3.000	150	-180	2.970	-300	250	-150	-200
12.	2.970	100	-550	2.520	-200	300	-380	-280
13.	2.520	120	-680	1.960	-280	300	-100	-80
14.	1.960	100	-400	1.660	-80	400	-100	220
15.	1.660	80	-450	1.290	220	450	-50	620
16.	1.290	50	-450	890	620	450	-50	1.020
17.	890	50	-350	590	1.020	350	-50	1.320
18.	590	100	-120	570	1.320	300	-100	1.520
19.	570	150	-175	545	1.520	250	-150	1.620
20.	545	200	-45	700	1.620	200	-200	1.620
21.	700	300	-190	810	1.620	200	-300	1.520
	Summe A	4.350	-5.540		Summe B	5.650	-6.130	

In o.a. Beispiel weisen zwar sowohl Unternehmen A als auch Unternehmen B am 1. Sowie am 21. Tag positive Bestände an liquiden Mitteln aus. Da es keinen negativen Bestand an liquiden Mitteln geben kann, war jedoch Unternehmen B zwischenzeitlich (vom 9. Bis 14. Tag) zahlungsunfähig, d.h. nicht in der Lage, seinen Zahlungsverpflichtungen nachzukommen.

$$\text{Unternehmens A} = \sum_{t=1}^{21} e_t = +4.350$$

$$= \sum_{t=1}^{21} a_t = -5.540 \qquad AZÜ = 1.190$$

$$\text{Unternehmens B} = \sum_{t=1}^{21} e_t = +5.650$$

$$= \sum_{t=1}^{21} a_t = -6.130 \qquad AZÜ = 480$$

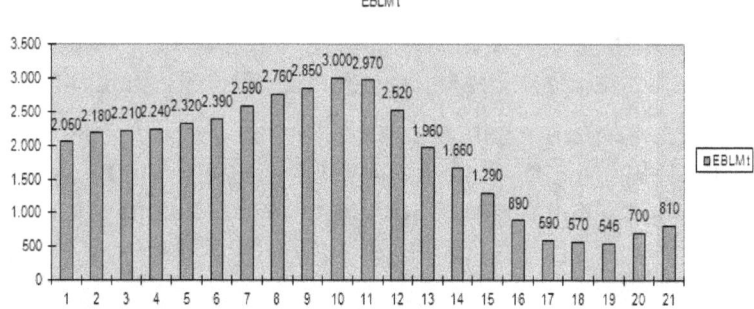

Momentanliquidität Unternehmen A

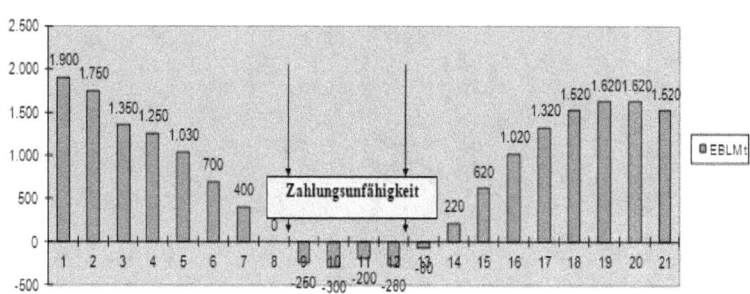

Momentanliquidität Unternehmen B

Ungefährdete Liquidität - Mindestbestandliquidität: die gewünschte Liquidität ist erst dann erfüllt, wenn der Liquiditätssaldo (Bestand + erwartete Einzahlungen ./. Auszahlungen) positiv ist und darüber hinaus ein vorab zu definierenden Mindestbestand an liquiden Mittel (= MBLM) nicht unterschritten wird. Wird beispielsweise in der Liquiditätsplanung -auf der Basis, dass in dieser Zeit keine Rohstoffeinkäufe geplant sind- für einen bestimmten Zeitpunkt ein Liquiditätssaldo von Null erwartet, würden für plötzlich vorgezogene Beschaffungsmaßnahmen (z.B. wegen Preisverfall) notwendigen liquiden Mittel fehlen.

Ungefährdete Liquidität = geplanter Bestand an liqudien Mitteln größer 0 sowie größer MBLM (Mindestbestand). Wird der MBLM-Bestand überschritten, ist zu klären, für welche Zeitspanne Mittel zur Anlage frei sind sowie ob und welche Anlagemöglichkeiten (z.B. Termineinlagen) es gibt:

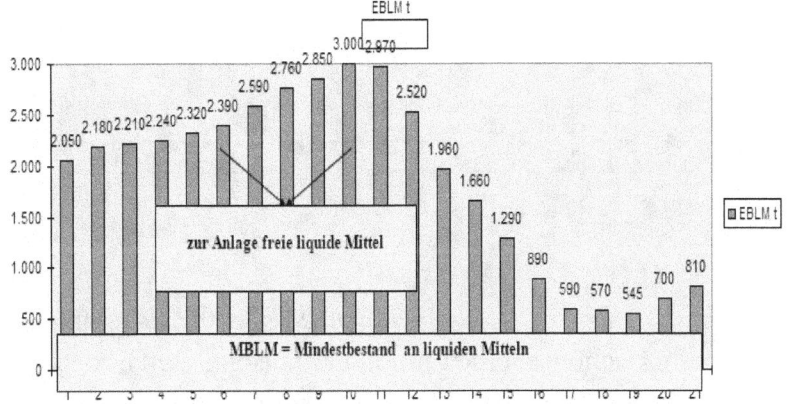

Ungefährdete Liquidität = oder > Mindestbestand

Zeitweiser Liquiditätsengpass: Gefährdete Liquidität = gewünschter Sicherheitsbestand an liquiden Mitteln wird unterschritten. Maßnahmen zur Behebung eines Liquiditätsengpasses können u.a. sein: Verkauf von Forderungen vor deren Fälligkeit (Factoring, Forfaitierung), Sale-and-lease-back von Aktiva, Liquidation von nicht zur Produktion benötigten RHB oder Beständen an unfertigen Erzeugnissen, Veräußerung nicht zur Produktion benötigter Aktiva (z.B. unbebaute Grundstücke), Aufschub bzw. Verzicht von Investitionen, Verzögerung geplanter Wartungen/Reparaturen u.a., Verzicht auf Ersatzbeschaffung von Werkstoffen, zusätzliche Einzahlungen bewirken oder vorziehen.

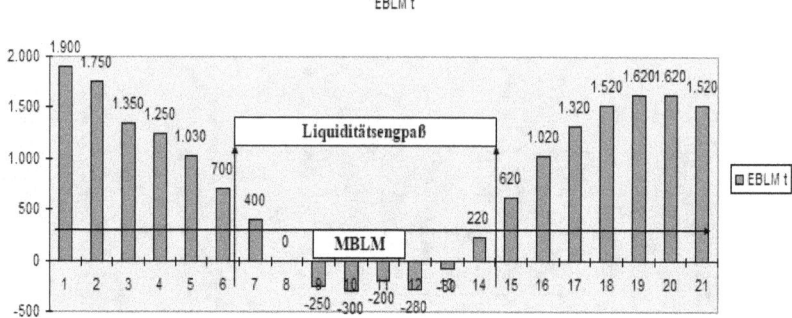

Zahlungseingänge – Wahrscheinlichkeit: für die Liquiditätsplanung berücksichtigt werden muss, dass bestimmte Größen unsicher sind. Analysen des Zahlungsverhaltens ergeben, dass nur ein Teil der Zahlungseingänge zum erwarteten Zeitpunkt eingeht. Beispielsweise: 8 % der Zahlungen erfolgt 1 Woche vor dem eingeräumten Zahlungsziel, 42 % der Zahlungen geht zum erwarteten Zeitpunkt ein, 20 % der Zahlungen verzögert sich um eine Woche, 15 % der Zahlungen verzögert sich um 2 Wochen und 15 % der Zahlungen verzögert sich um 3 Wochen:

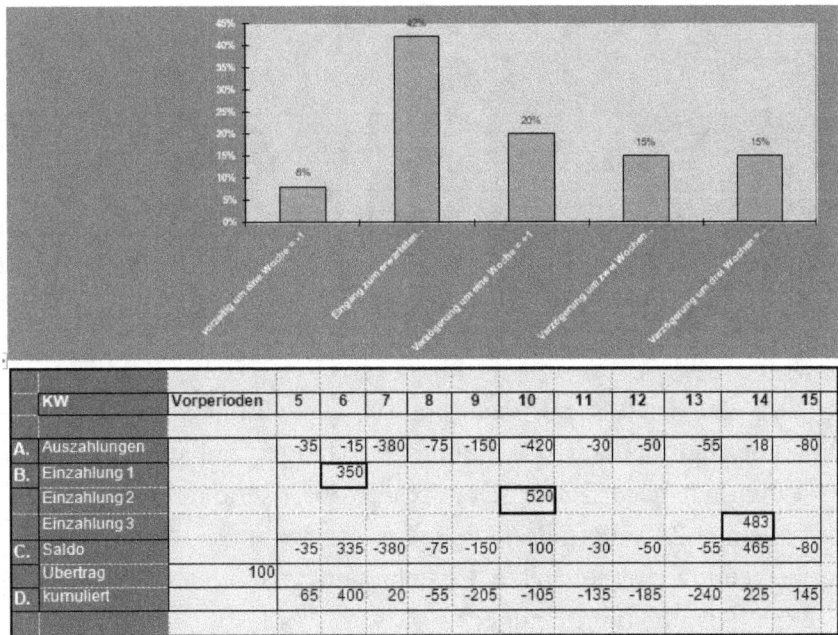

KW	Vorperioden	5	6	7	8	9	10	11	12	13	14	15
A. Auszahlungen		-35	-15	-380	-75	-150	-420	-30	-50	-55	-18	-80
B. Einzahlung 1			350									
Einzahlung 2							520					
Einzahlung 3											483	
C. Saldo		-35	335	-380	-75	-150	100	-30	-50	-55	465	-80
Übertrag	100											
D. kumuliert		65	400	20	-55	-205	-105	-135	-185	-240	225	145

Im folgenden Schritt werden die Zahlungseingänge der 6., 10. und 14. Periode nun entsprechend der aus dem Zahlungsverhalten analysierten Eintrittswahrscheinlichkeiten, nämlich:

$-1 = 8\%,\ 0 = 42\%,\ +1 = 20\%,\ +2 = 15\%$ und $+3 = 15\%$

aufgeteilt

Saldoermittlung unter Berücksichtigung analysierter Eintrittswahrscheinlichkeiten:

KW		Vorperioden	5	6	7	8	9	10	11	12	13	14	15
A.	Auszahlungen		-35	-15	-380	-75	-150	-420	-30	-50	-55	-18	-80
B.	Einzahlung 1		28	147	70	53	53	0	0	0	0	0	0
	Einzahlung 2					42	218	104	78	78	0	0
	Einzahlung 3										39	203	97
C.	Saldo		-7	132	-310	-23	-56	-202	74	28	62	185	17
	Übertrag	100											
D.	kumuliert		93	225	-85	-108	-163	-365	-291	-263	-201	-17	0

Der Vergleich zeigt, dass bei Berücksichtigung der Eintrittswahrscheinlichkeit von Zahlungseingängen mit einem höheren Liquiditätsbedarf, nämlich maximal 365 (Periode 10) gegenüber maximal 240 (Periode 13) geplant werden muss. Durch die Einbeziehung der negativen Unsicherheitsfaktoren erhöht sich der Realitätsgrad der Planung:

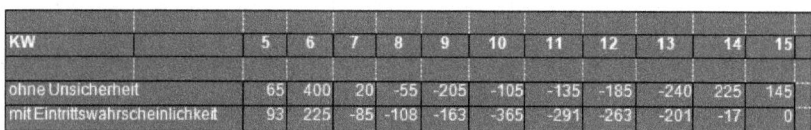

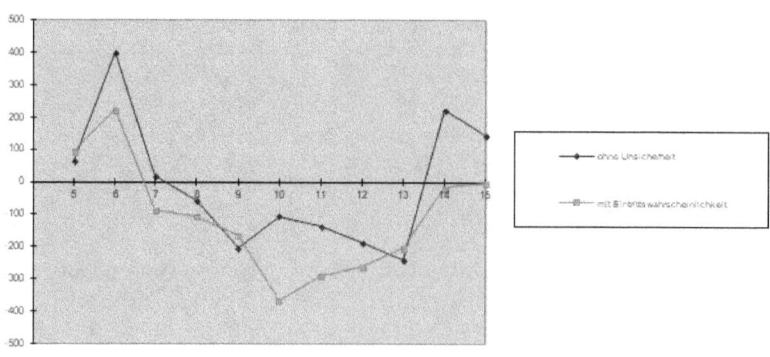

Mit Wissensmanagement exaktes Wissen im voraus: alle Formen von Ökonomie sind immer das Ergebnis von Informationsbewegungen

Im Zeitalter der Information und programmierte Produktion nehmen auch Produkte immer mehr den Charakter von Information an. Wörter sind eine Art Informationsspeicher, mit welchem man mit großer Geschwindigkeit die ganze Umwelt und Erfahrung wiedererwecken kann. „Die neuen Medien und Techniken, durch die wir uns selbst verstärken und ausweiten, stellen gewaltige kollektive Eingriffe dar". Genauso wie eine gute Bildung längst nicht mehr ein Luxus sondern in der Wissensgesellschaft zwingende Notwendigkeit ist, wird der Künstler unentbehrlich bei der Gestaltung und Analyse zum Verständnis veränderter Lebensformen. „Die Fähigkeit des Künstlers dem mörderischen Schlag einer neuen Technik jederzeit auszuweichen und solche Gewaltakte ganz bewusst zu parieren, ist uralt". Denn der Künstler ist ein Mensch, der nicht nur die Tragweite seines Schaffens sondern auch die neuen Erkenntnisse seiner Zeit erfasst: er ist ein Mensch mit vollem und ganzen Bewusstsein: Kunst ist exaktes Wissen im voraus, wie man mit psychischen und sozialen Auswirkungen der neuen Technik fertigwerden kann. Unsere Augen, Ohren, Nerven (Daten) an kommerzielle Interessenten zu verpachten, ist fast so, als würde man auch die menschliche Sprache einem Privatunternehmen überlassen oder die Erdatmosphäre zum Monopol einer Gesellschaft machen. Die Sprache leistet für die Intelligenz, was das Rad für die Füße und den Körper leistet.

Indirekte und direkte Cash Flow Rechnung: bei der indirekten Methode wird der Cash Flow ausgehend vom Jahresüberschuss retrograd aus geplanten Jahresabschlussgrößen berechnet, bei der direkten Ermittlung werden geplante Ein- und Auszahlungen saldiert:

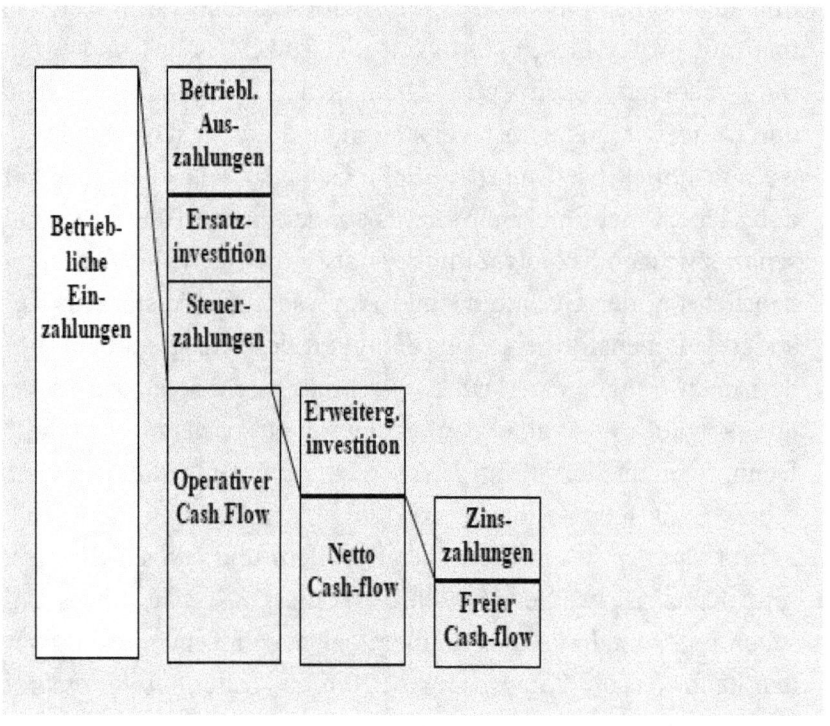

Indirekte Methode Cash Flow Rechnung :

1.	Cash Flow aus laufender Geschäftstätigkeit	
	Jahresüberschuß/-fehlbetrag vor Steuern vom EE sowie außerordentliche Geschäftsvorfälle	3.522
+/-	Anpassungen für:	2.425
	o Abschreibungen	85
	o Rückstellungsveränderungen	0
	o Währungsverluste/-gewinne	5
	o Beteiligungserträge	-115
	o Erträge aus Anlagenabgängen	485
	o Zinsergebnis	
=	Ergebnis des laufenden Geschäfts vor Veränderung des Working Capitals	6.407
+/-	Veränderung der Forderung aus Lieferungen und Leistungen und sonst. Vermögensgegenstände	-545
+/-	Veränderung der Vorräte	3.655
+/-	Veränderungen der Verbindlichkeiten aus Lieferungen und Leistungen	-862
=	Mittelveränderung aus laufendem Geschäft	8.655
-	Zinszahlungen	-620
-	Zahlungen von Steuern vom Einkommen und Ertrag	-1.585
=	Mittelzu-/abfluss vor ausserordentlichen Geschäftsvorfällen	6.450
+/-	Außerordentliche Mittelzu-/-abflüsse	230
=	Mittelzu/-abfluss aus laufender Geschäftstätigkeit	6.680

2.		**Cash Flow aus Investitionstätigkeit**	
	-	Erwerb von Beteiligungen abzügl. erhaltener Zahlungsmittel	0
	-	Kauf von Sachanlagen	-585
	+	Erlöse aus Sachanlagenabgängen	345
	+	Erhaltene Zinsen	85
	+	Erhaltene Dividenden	0
	=	Mittelzu-/-abfluss aus der Investitionstätigkeit	-155
3.		**Mittelzu-/-abfluss aus Finanzierungstätigkeit**	
	+/-	Mittelzu-/-abfluss aus Kapitalveränderungen	0
	+/-	Mittelzu-/-abfluss aus langfristigen Krediten	-250
	-	Zahlung von Verbindlichkeiten aus Finanzierungsleasing	0
	-	Dividendenzahlungen	0
	=	Mittelzu-/-abfluss aus Finanzierungstätigkeit	-250
4.		**Veränderung der Zahlungsmittel u. -äquivalente**	-35
5.		**Zahlungsmittel u. -äquivalente zu Beginn der Periode**	320
6.		**Zahlungsmittel u. -äquivalente zu Ende der Periode**	285

Ablaufschema für Bonitätsbeurteilung: ein erweitertes Beurteilungsverfahren berücksichtigt neben den quantitativen Jahresabschlussdaten auch qualitative Daten. Die Auswertung dieses Datenkranzes erfolgt mittels Analysetechniken, nämlich anhand von branchenspezifischen Diskriminanzanalysen sowie von Expertensystemen.

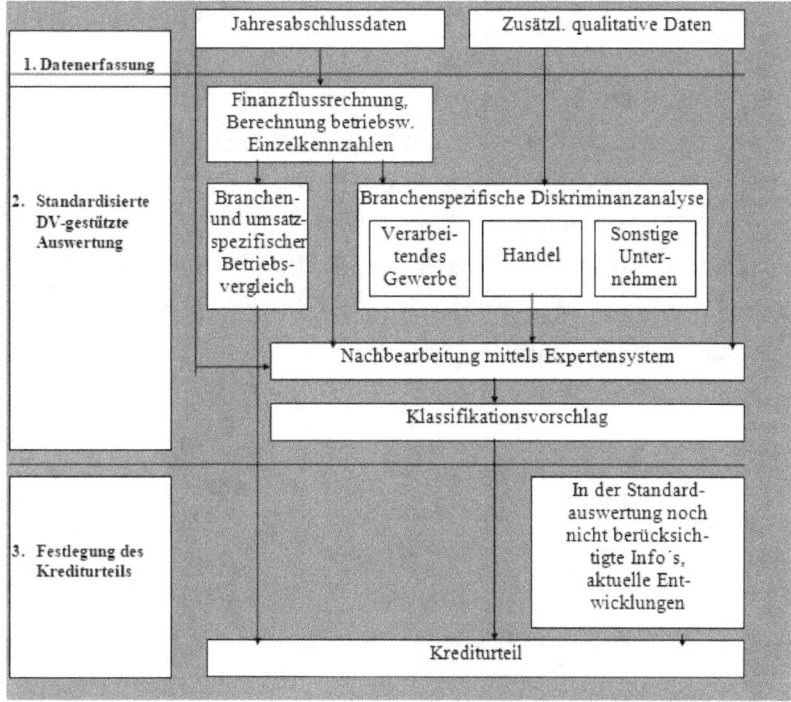

Am Anfang des Analyse- und Bewertungsprozesses steht die Erfassung und Aufbereitung von Jahresabschluss und -jetzt zusätzlich- qualitativen Unternehmensdaten. Die Daten werden in einen Erfassungsbogen übernommen, in dem auch das erkennbare Bilanzierungsverhalten des Unternehmens festgehalten wird. Ergänzende Informationen zur Bilanzpolitik können sich beziehen auf: Ansatz von Rückstellungen, Umfang der aktivierten Herstellungskosten, Art und Höhe der Abschreibungen, Bewertung der Vorräte, Zinssatz für Pensionsrückstellungen, außerordentliche gewinnbeeinflussende Faktoren, Liquiditätslage am Bilanzstichtag. Aus den aufbereiteten Jahresabschlussdaten werden bei der Auswertung eine Finanzflussrechnung erstellt und zusätzlich betriebswirtschaftliche Einzelkennzahlen zur Finanz- und Ertragslage des Unternehmens ermittelt. Abgeleitet aus den Zahlen von Bilanz sowie Gewinn- und Verlustrechnung werden die Zahlungsströme eines Unternehmens im Sinne eines geschlossenen Systems nach Umsatz-, Investitions- und Finanzbereich aufgegliedert und der sich hieraus ergebende finanzielle Überschuss oder Fehlbetrag ermittelt.

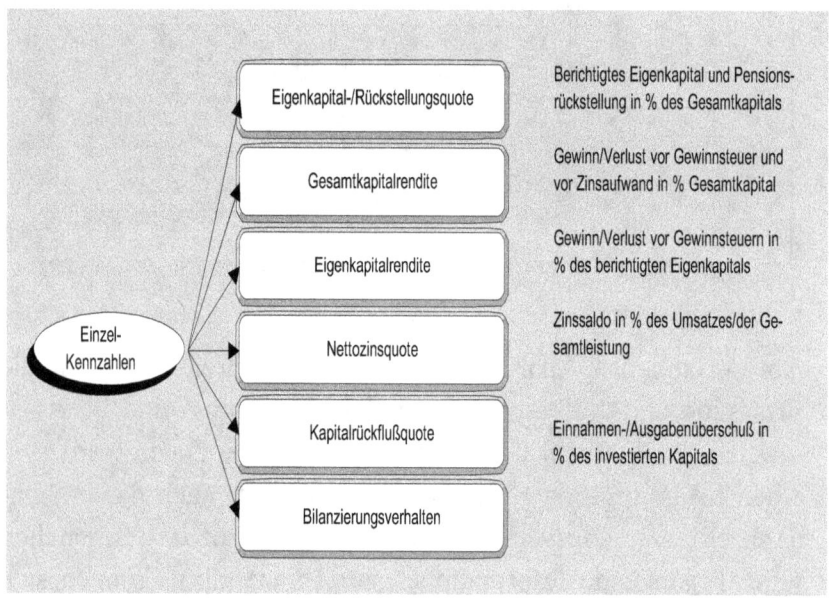

Ermittlung des freien Cash Flows:

	0	1	2	3	4	5	6	7	8	9	10
Marktvolumen (t)		80.000	82.400	84.900	87.500	90.000	90.000	90.000	92.000	92.000	92.000
Marktanteil		0,35%	0,61%	0,82%	1,14%	1,44%	1,89%	2,22%	2,28%	2,39%	2,50%
Absatzmengen (t)		280	500	700	1.000	1.300	1.700	2.000	2.100	2.200	2.300
VK-Preise / t		10.000	8.898	9.120	9.348	9.582	9.821	10.067	10.318	10.500	10.700
. Produktkosten / t		3.500	3.588	3.677	3.714	3.807	3.902	4.000	4.100	4.170	4.250
= Deckungsbeitrag / t		6.500	5.310	5.443	5.634	5.775	5.919	6.067	6.218	6.330	6.450
Umsatz		2.800	4.449	6.384	9.348	12.456	16.696	20.134	21.669	23.100	24.610
Proko Absatz		980	1.794	2.574	3.714	4.949	6.633	7.999	8.609	9.174	9.775
Summe Deckungsbeiträge		1.820	2.655	3.810	5.634	7.507	10.063	12.135	13.060	13.926	14.835
. Strukturkosten (ohne Abschreibungen)		-849	-1.100	-1.700	-2.200	-2.500	-2.800	-3.300	-4.000	-4.200	-4.000
. Abschreibungen		-333	-500	-667	-917	-1.200	-1.483	-1.433	-1.550	-1.667	-1.700
. Zinsaufwand		-64	-90	-129	-176	-194	-143	-173	-207	-239	-292
. Gewerbeertragssteuer		-115	-193	-263	-468	-723	-1.127	-1.446	-1.461	-1.564	-1.769
= Jahresüberschuss-/-fehlbetrag		459	772	1.051	1.873	2.890	4.510	5.783	5.842	6.256	7.074

	davon RL-Zuführung	239	273	425	503	189	-547	322	367	341	571
	davon Dividende (incl. Steuergutschr.)	0	248	235	906	2.529	5.560	5.164	5.138	5.602	5.977
	Anpassungen für:										
-	Körperschaftsteuer auf RL-Zuführung	-220	-251	-391	-463	-174	504	-296	-338	-314	-526
+	Abschreibungen	333	500	667	917	1.200	1.483	1.433	1.550	1.667	1.700
+	Zinsaufwand	84	90	129	176	194	143	173	207	239	292
=	Cash Flow des laufenden Geschäfts	856	1.362	1.847	2.966	4.284	6.136	7.389	7.599	8.162	9.066
	vor Zinsen und vor Veränderung des										
	Working Capitals										
+/-	Veränderung der Forderungen aus	-467	-275	-789	-769	-1.307	-2.783	-2.889	-3.337	-3.061	-3.333
	Lieferungen/Leistungen und sonst.										
	Vermögensgegenstände										
+/-	Veränderung der Vorräte	-327	-271	-587	-651	-998	-1.213	-1.454	-1.416	-1.642	-1.616
+/-	Veränderung der Verbindlichkeiten	163	136	293	326	499	606	727	708	821	808
	aus Lieferungen und Leistungen										
=	Nettomittelzu-/-abfluss aus laufender	225	952	764	1.872	2.478	2.746	3.773	3.554	4.280	4.925
	Geschäftstätigkeit vor Zinsen und nach										
	Steuern vom EE (Net cash from operating activities)										
-	Kauf von Sachanlagen	-1.500	-500	-1.000	-1.000	-1.500	-1.700	-1.700	-1.700	-1.700	-1.700
=	Free Cash Flow	-1.500	-275	-48	-236	372	778	1.046	2.073	1.854	2.580	3.225

Ermittlung des Diskontierungsfaktors: der freie Cash Flow enthält sowohl Zahlungen an Fremdkapital- als auch Zahlungen an Eigenkapitalgeber. Der Diskontierungsfaktor muss somit die Renditeerwartungen beider Interessengruppen widerspiegeln..

Diskontierungsfaktor = gewichteter Kapitalkostensatz des Unternehmens

$$WAAC = k_{FK} \frac{FK}{GK} + k_{EK} \frac{EK}{GK}$$

k_{FK} = Fremdkapitalkosten
k_{EK} = Eigenkapitalkosten
FK = Fremdkapital
EK = Eigenkapital
GK = Gesamtkapital

Fremdkapitalkosten = allgemeine Marktzinssätze für Fremdkapital, die in ihrer Laufzeitstruktur mit der Fristigkeit des Fremdkapitals des Unternehmens weitgehend übereinstimmen sollten

Eigenkapitalkosten = von den Aktionären erwartete Mindestrendite für das von ihnen zur Verfügung gestellte Kapital. Nach CAPM = Capital Asset Pricing Model wird eine entsprechend dem Unternehmensrisiko angepaßte Mindestrenditeerwartung der Aktionäre abgeleitet.

k_{EK} = Rendite für risikofreie Anlagen + (erwartete Rendite des gesamten Aktienmarktes * spezifischer Risikokoeffizient)

Eine entscheidende Frage lautet: wie rentabel sind die von einem Unternehmen investierten Gelder angelegt? Dabei sind es die Aktiva, mit denen ein Unternehmen operiert, mit ihnen wird gearbeitet und Gewinn erwirtschaftet, sie charakterisieren gewissermaßen die Infrastruktur

Die Gesamtkapitalrentabilität gibt an, wie gut mit den auf der linken Seite der Bilanz investierten Mitteln (Geld, Debitoren, Lager, Maschinen, Gebäude u.a.) gewirtschaftet wird. Gesamtrentabilität = r_{GK} = ((RG + FK − Zinsen)/GK) * 100% = ROA. r=Rentabilität, RG=Reingewinn, GK=Gesamtkapital, FK=Fremdkapital, ROA= Return On Assets. Während die Gesamtkapitalrentabilität anzeigt, wie gut das insgesamt eingesetzte Kapital wertvermehrend genutzt wird, zeigt sich in der Eigenkapitalrentabilität, wie wirkungsvoll die Mittel der Inhaber vermehrt werden konnten: Eigenkapitalrentabilität = r_{EK} = RG/EK * 100% = ROE. r=Rentabilität, RG=Reingewinn, EK=Eigenkapital, ROE= Return On Equity. Die Rentabilität ist ein Maßstab dafür, wie gut die getroffenen Entscheidungen waren.

Bei der Rentabilitätsanalyse sollte die Erhöhung von stillen Reserven heraus gerechnet werden, da durch sie ein Reingewinn ausgewiesen werden könnte, der nicht das tatsächliche Geschehen wiedergibt. Gleiches gilt für außerordentliche (und allenfalls neutrale) Positionen, wenn es darum geht, eine nachhaltige Rentabilität zu ermitteln. Rentabilität sollten zudem grundsätzlich nach Steuern berechnet werden. Bei dem sogenannten RONA-Verfahren (RONA= Return On Net Assets) wird die Gesamtrentabilität ermittelt, indem man das sogenannte betriebliche FK, in jedem Fall aber die Kreditoren, vom Gesamtkapital in Abzug bringt. Man betrachtet also nur den Teil des Kapitals, der nicht unmittelbar auf die normalen Geschäftsaktivitäten (Umsatz) zurückzuführen ist.

Beispiel: Vergleich von zwei Unternehmen, die beide einen Reingewinn nach Steuern von 8 und Fremdkapitalzinsen von 2 ausweisen. D.h. Kapitalstruktur A: Kreditoren = 40, übriges FK = 40, EK = 20, Summe = 100. Kapitalstruktur B: Kreditoren = 10, übriges FK = 40, EK = 50, Summe = 100. r_{GK} beträgt für beide also jeweils genau gleich 10 %. Auf der Basis von net assets würde das Ergebnis jedoch unterschiedlich ausfallen. Nämlich für A =((8 + 2)/60) * 100 % = 16,7%. Und im Vergleich hierzu für B =((8 + 2)/90) * 100 % = 11,1%.

Multipliziert man Zähler und Nenner der Gesamtkapitalrentabilität mit dem Nettoumsatz, errechnen sich daraus Kapitalumschlag und Nettomarge: r_{GK} =((RG + FK – Zinsen)/GK) * 100% = Nettoumsatz/Nettoumsatz = ((RG + FK – Zinsen)/ Nettoumsatz) * 100 % = Nettoumsatz/GK.

Kapitalumschlag = CTO (Capital Turnover) = Nettoumsatz/Gesamtkapital. Der Kapitalumschlag zeigt an, wie oft sich das gesamte Kapital pro Jahr im Verhältnis zum Umsatz umschlägt, beziehungsweise wie viel Umsatz pro eingesetztem Euro erzielt wird (je größer der Kapitalumschlag desto besser wird das eingesetzte Kapital genutzt. Umsatzgewinnrate = ROS (Return On Sale) = Nettomarge = Reingewinn/Nettoumsatz * 100

%. Die Umsatzgewinnrate zeigt an, wie viel von einem Umsatz Euro für Reingewinn und Zinsen verbleibt.

Die Gesamtkapitalrentabilität errechnet sich als Produkt aus Kapitalumschlag und Nettomarge. Die Gesamtkapitalrentabilität kann, obwohl vom Ergebnis optisch gleich, auf ganz unterschiedliche Weise erzeugt worden sein. Beispiel Unternehmen A: Umsatz = 5.000.000, Reingewinn = 500.000, Gesamtkapital 5.000.000, Umsatzgewinne 10%, Kapitalumschlag =1, Gesamtrentabilität = 10%. Unternehmen B: Umsatz = 10.000.000, Reingewinn = 500.000, Gesamtkapital = 5.000.000, Umsatzgewinne = 5 %, Kapitalumschlag = 2, Gesamtrentabilität ebenfalls = 10%. Unternehmen C: Umsatz = 10.000.000, Reingewinn = 100.000, Gesamtkapital = 1.000.000, Umsatzgewinne = 1%, Kapitalumschlag = 10, Gesamtrentabilität ebenfalls wieder 10 %.

Gewichtung Kapitalkosten nach Verhältnis Eigen- zu Fremdkapital:

		Jahr										
		0	1	2	3	4	5	6	7	8	9	10
	Zu verzinsendes Kapital (AV + NWC)	1.500	2.297	3.207	4.623	6.301		6.929	5.106	6.179	7.402	8.538	10.442
	- AV	1.500	1.667	2.167	2.500	3.083		3.583	3.800	4.067	4.217	4.250	4.250
	- NWC = Net Working Capital		630	410	1.083	1.094		1.806	3.389	3.616	4.045	3.882	4.141
	Finanzierung	1.500	2.297	3.207	4.623	6.301		6.929	5.106	6.179	7.402	8.538	10.442
30%	Ziel-Eigenkapitalquote	450	689	962	1.387	1.890		2.079	1.532	1.854	2.221	2.561	3.133
70%	Ziel-Fremdkapitalquote	1.050	1.608	2.245	3.236	4.411		4.850	3.574	4.325	5.181	5.977	7.309

Gesamtwert des Unternehmens =	Summe der diskontierten freien Cash Flows
	(Diskontfaktor = gewichtete Kapitalkosten)
	+ diskontierter End-(Rest-)wert
	des Unternehmens zum Ende des Planungs-/
	Prognosezeitraumes
Shareholder Value	= ∑ diskontierte Cash Flows
	./. aktueller Fremdkapitalbestand

Free Cash Flow + Restwert zum Ende des Prognosezeitraums:

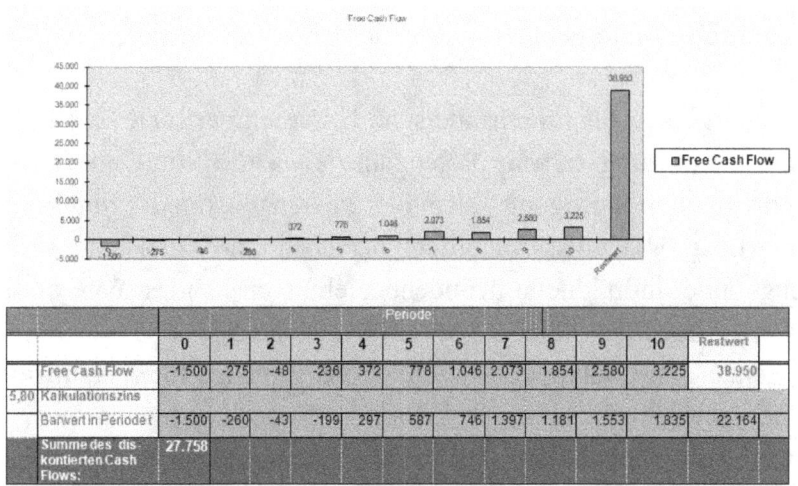

		Periode										
		0	1	2	3	4	5	6	7	8	9	10	Restwert
	Free Cash Flow	-1.500	-275	-48	-236	372	778	1.046	2.073	1.854	2.580	3.225	38.950
5,80	Kalkulationszins												
	Barwert in Periode t	-1.500	-260	-43	-199	297	587	746	1.397	1.181	1.553	1.835	22.164
	Summe des diskontierten Cash Flows:	27.758

Individuelle Kompetenz umfasst netzartig zusammenwirkende Facetten wie Wissen, Fähigkeit, Verstehen, Können, Handeln, Erfahrung, Motivation. Dies alles sind Eigenschaften, die eine Person befähigen, konkrete Anforderungssituationen im Umfeld von Umwelt- und Wirtschaftswissen zu bewältigen

Mittelstand Wissenstransfer: für den Mittelstand ist der lückenhafte Informationsfluss und Wissenstransfer aus der Forschung in die Unternehmen ein Problem. Dies gilt auch oder insbesondere für die Digitalisierung als wesentlicher Treiber für die zukünftige Wettbewerbsfähigkeit. Große Konzerne und Industrieunternehmen können hier nur Bedingt (oder überhaupt nicht) als Vorbilder dienen: mit diesen können sich Mittelständler nicht vergleichen oder identifizieren. Trotzdem müssen Mittelständler auch international gesehen Schritt halten, denn rund 90 Prozent von ihnen sind Teil einer internationalen Wertschöpfungskette. Bei der Masse an Angeboten und Instrumenten kann ein mittelständischer Unternehmer schnell der Überblick verlieren.

„Doch gerade für mittelständische Unternehmer bietet die digitale Vernetzung enorme Potenziale, etwa die Möglichkeit der individuellen Fertigung, also der kostengünstigen Produktion mit Losgrösse eins. Außerdem bestehen im Mittelstand viele enge und individuelle Kundenbeziehungen, und genau diese werden hoch geschätzt." Aber im Mittelstand sind selbst grundlegende Anwendungen (wie ein professioneller Internetauftritt) noch unterdurchschnittlich verbreitet. Zu den sogenannten Digitalisierungsnachzüglern zählen besonders kleine Betriebe mit weniger als 50 Beschäftigten. Erschwerend ist zudem, dass viele den Nutzen einer weitergehenden Digitalisierung für ihr Geschäftsmodell noch nicht erkennen oder teilweise die Investitions- und Betriebskosten für digitale Produkte scheuen. Hierfür gibt es allerdings Programme des Bundes, der Länder sowie der EU, die spezielle Förderungen für Klein- und Mittelbetriebe anbieten.

Digitalisierung betrifft auch Wissensarbeiter: der Megatrend Digitalisierung mit selbstlernenden Systemen, kommunizierenden Maschinen, automatisierten Prozessen und Algorithmen macht vor kaum einem Arbeitsplatz halt. Zwar gab es schon immer Automatisierung. Neu ist aber, dass von ihr auch Wissensarbeiter wie beispielsweise Mediziner, Juristen, Wirtschaftsprüfer, Journalisten in einem solchen Umfang betroffen sind. Immer mehr lassen sich auch akademische Tätigkeiten automatisieren. Der Arbeitsalltag wird von einer Zusammenarbeit über funktionale und geographische Grenzen hinweg (Kollaboration) geprägt. Lebenslanges Lernen und Lernen am Arbeitsplatz werden von der Ausnahme zum Normalfall und essentiellen Baustein der Arbeitswelt. Soziale Netzwerke treiben die Interaktion voran und bündeln über gemeinsam genutzte digitale Plattformen das kollektive Wissen. Die Grenzen zwischen Lernen und Arbeiten fließen ineinander, kontinuierliche Weiterbildung ist für die Zukunft eine Kernanforderung. Neue Vergütungsmodelle stehen im Raum: ist in einem Jahr ein höhere Gehalt die attraktivste Option, ist es in einem anderen vielleicht ein längere Auszeit oder eine kürzere Wochenarbeitszeit. Alle Akteure sehen sich einem stärkeren Druck zu mehr Flexibilität ausgesetzt.

Individuelle Kompetenz umfasst netzartig zusammenwirkende Facetten wie
Wissen
Fähigkeit
Verstehen
Können
Handeln
Erfahrung
Motivation.
Dies alles sind Eigenschaften, die eine Person befähigen, „konkrete Anforderungssituationen eines bestimmten Typs zu bewältigen". Ergänzende übergreifende Faktoren sind u.a.:
Denkvermögen
Argumentationsfähigkeit
Präsentationsfähigkeit
Problemlösungsfähigkeit.
Je nach Blickwinkel lassen sich verschiedene Kompetenzdimensionen unterscheiden.
Personal-, Humankompetenz: Befähigung und Bereitschaft, eigene Begabungen und Fähigkeiten zu erkennen und zu entfalten, Identität und durchdachte Wertvorstellungen zu entwickeln sowie Lebenspläne zu fassen und zu verfolgen, d.h. Eigenschaften wie beispielsweise
Selbständigkeit,
Kritikfähigkeit,

Konzentrationsfähigkeit,
Selbstvertrauen,
Zuverlässigkeit,
Leistungsbereitschaft,
Verantwortungsbewusstsein.
Sozialkompetenz: Befähigung und Bereitschaft, soziale Beziehungen aufzubauen und zu gestalten sowie sich mit anderen rational und verantwortungsbewusst auseinander zu setzen und zu verständigen, d.h. Eigenschaften wie beispielsweise
Teamfähigkeit,
Konfliktfähigkeit,
Bereitschaft zu Toleranz und Solidarität
Gemeinschaftssinn
Hilfsbereitschaft
Kommunikationsfähigkeit
Methodenkompetenz: Befähigung und Bereitschaft zu zielgerichtetem, strukturiertem und effektiven Vorgehen bei der Bearbeitung von Aufgaben und Problemen. Dazu gehört es,
Denkmethoden
Arbeitsverfahren
Lösungsstrategien
Lernstrategien selbständig reflektieren und anwenden zu können
Sach- und Fachkompetenz: Befähigung und Bereitschaft, Aufgaben und Probleme mit Hilfe fachlicher Kenntnisse und Fertigkeiten zielorientiert, sachgerecht und selbständig zu bewältigen sowie das Ergebnis zu beurteilen.

www.ingramcontent.com/pod-product-compliance
Lightning Source LLC
Chambersburg PA
CBHW071034240526
45469CB00006BD/2201